Der Mensch der Vorzeit

Vorderseite des Umschlags mit dem Bild eines südafrikanischen Vormenschen. Im April 1947 in Sterkfontein bei Krugersdorp geborgener weiblicher Schädel von Australopithecus africanus.

Rückseite des Umschlags mit dem Wappen der Stadt Steinheim an der Murr. In Rot unter dem reichsapfelähnlichen goldenen Fleckenzeichen sechs aufeinandergeschichtete silberne Steine.

Karl Dietrich Adam

Der Mensch der Vorzeit

Führer durch das Urmensch-Museum Steinheim an der Murr

Mit 160 Bildern und 8 Tabellen

Herausgegeben von der Stadt Steinheim an der Murr

Konrad Theiss Verlag Stuttgart

Urmensch-Museum Steinheim an der Murr

Gestaltet von Hauptkonservator Dr. rer. nat. habil. Karl Dietrich Adam – Professor für Paläontologie und Urgeschichte an der Universität Stuttgart – und Oberkonservator Dr. rer. nat. Gert Bloos in Zusammenarbeit mit Walter Guttenberger und seinem Werbeatelier in Kernen-Rommelshausen

Anschrift des Trägers:
Stadt Steinheim an der Murr – Bürgermeisteramt im Rathaus
D-7141 Steinheim an der Murr – Fernsprecher (0 71 44) 28 81

Mitarbeit am Führer:
Hans Lumpe und Theo Osterwald bei der Bebilderung
sowie Diethelm Reisener während der Drucklegung

CIP-Kurztitelaufnahme der Deutschen Bibliothek

Adam, Karl Dietrich:
Der Mensch der Vorzeit: Führer durch d. Urmensch-Museum Steinheim an d. Murr / Karl Dietrich Adam. Hrsg. von d. Stadt Steinheim an d. Murr. – Stuttgart: Theiss, 1984.
ISBN 3-8062-0404-7

Kommissionsverlag:
Konrad Theiss Verlag GmbH · Stuttgart

Gesamtherstellung:
Ungeheuer + Ulmer KG GmbH + Co · Offset- und Rotationsdruck
Ludwigsburg

ISBN 3-8062-0404-7

Inhaltsverzeichnis

Geleitwort des Bürgermeisters

Seit 15 Jahren besteht das Urmensch-Museum in Steinheim an der Murr. Gestaltet von Professor Dr. Albert Walzer und Professor Dr. Karl Dietrich Adam, wurde es am 31. Mai 1968 eingeweiht und bereits nach wenigen Jahren durch einen kleinen Anbau erweitert.

Über 250000 Besucher aus der gesamten Bundesrepublik, aber auch aus vielen anderen Ländern haben bisher diese bedeutende Einrichtung besucht.

Für die Stadt Steinheim ist das Urmensch-Museum nicht nur zu einem wichtigen Werbeträger, sondern auch zu einem festen Bestandteil des kulturellen Lebens geworden.

Mit der in den Jahren 1982/83 erfolgten grundlegenden Neugestaltung des Museums hat die Stadt Steinheim ihre geschichtliche Verpflichtung erkannt und wahrgenommen.

Gestützt auf einen Vertrag mit dem Land Baden-Württemberg wurden in vorbildlicher Zusammenarbeit mit dem Staatlichen Museum für Naturkunde in Stuttgart zwei Geschosse des Hans-Trautwein-Hauses umgebaut und für ausschließlich museale Zwecke neu eingerichtet. Die Ausstellungsfläche hat sich damit um das Fünffache erhöht, die wissenschaftliche Aussagekraft des weithin bekannten Themen-Museums ist beträchtlich gewachsen.

Einen ganz entscheidenden Anteil an der Neueinrichtung des Urmensch Museums trägt der Verfasser dieses Führers und Freund der Stadt Steinheim, Professor Dr. Karl Dietrich Adam, dem mein herzlicher Dank gilt.

Ich bin überzeugt, daß der vorliegende Führer durch das Urmensch-Museum für alle Besucher eine wertvolle Ergänzung darstellt.

Steinheim an der Murr
Im Juli 1983

Alfred Ulrich
Bürgermeister

Vorwort des Verfassers

Die Einrichtung des 1968 eingeweihten Urmensch-Museums Steinheim an der Murr wie auch dessen Erweiterung 1974 durfte ich zusammen mit Professor Dr. Albert Walzer durchführen, und solch gemeinsamer Arbeit – hier und andernorts – erinnere ich mich mit Freude und Dankbarkeit. Der Tod verwehrte es diesem großen schwäbischen Museumsgestalter, an dem nunmehr abgeschlossenen neuerlichen Auf- und Ausbau des Urmensch-Museums wiederum tätigen Anteil zu nehmen.

Unter meinen Mitarbeitern an der Geologisch-Paläontologischen Abteilung des Staatlichen Museums für Naturkunde in Stuttgart schulde ich Dr. Gert Bloos besonderen Dank. Er unterzog sich der überaus schwierigen Aufgabe, das Fundgebiet an der unteren Murr museal darzustellen und insbesondere das Entstehen der Steinheimer Fundstätte aufzuhellen. Hierfür wurde von ihm über Jahre hinweg erfolgreiche Forschungsarbeit geleistet.

Um deren Ergebnisse verständlich und verstehbar werden zu lassen, bedurfte es vieler Überlegungen, vor allem aber des Rates und der Hand eines erfahrenen Designers, den wir in Walter Guttenberger fanden. In seinem Werbeatelier in Kernen-Rommelshausen führte er unsere Entwürfe aus, gab zahllose Anregungen und nahm Anteil an all den vielfältigen Fragen, welche die Neugestaltung des Museums aufwarf.

Für diese war eine reiche und gute Bebilderung zu beschaffen, zumal es galt, als weitere und zusätzliche Aufgabe eine Tonbildschau vorzubereiten. Was hier geleistet wurde, ist nahezu ausschließlich dem meisterlichen Photographen am Staatlichen Museum für Naturkunde in Stuttgart Hans Lumpe zu verdanken. Sein Können findet sichtbaren Ausdruck auch in den Bildern dieses Museumsführer. Dessen graphische Darstellungen gehen großenteils auf Entwürfe zurück, die dankenswerterweise von Theo Osterwald, dem sachkundigen Graphiker am Staatlichen Museum für Naturkunde in Stuttgart, für den Druck vorbereitet wurden.

Dankbar sei ferner des Wirkens all derer gedacht, die zusammen mit Werner Schray vom Stadtbauamt Steinheim an der Murr den Umbau des Gebäudes und die Einrichtung der Räume ausführten und so die Voraussetzungen für die museale Gestaltung schufen; stellvertretend genannt sei nur die bewährte Mitarbeit Lutz Krämers von der Firma Arthur Jaschek in Esslingen-Berkheim, von der die Vitrinen und Einbauten gefertigt wurden.

Ein gerüttelt Maß an Arbeit war von Klaus Bender als Leiter des Hauptamtes der Stadt Steinheim an der Murr zu bewältigen, und zwar beginnend mit ersten vorbereitenden Besprechungen und hinführend bis zur Organisation der festlichen Einweihung des Museums. Er war auch um eine rasche, von Diethelm Reisener vorbildlich betreute Drucklegung des Museumsführers besorgt, dessen erster Teil über den Menschen der Vorzeit im allgemeinen berichtet, wohingegen ein zweiter Teil dem Steinheimer Urmenschen im besonderen vorbehalten ist.

Abschließend sei noch dem Steinheimer Gemeinderat für die ihm nicht leicht gewordene Entscheidung gedankt, dem Ausbau des Urmensch-Museums zuzustimmen, wissend, welch eine finanzielle Belastung dies angesichts der knapp gewordenen Haushaltsmittel bedeutet. Daß ihm diese Entscheidung abverlangt wurde und somit das Urmensch-Museum zu einer beachtenswerten musealen Einrichtung der Stadt Steinheim an der Murr und zugleich des Landes Baden-Württemberg werden konnte, ist aber allein dem Weitblick, der Tatkraft und dem Einsatz von Bürgermeister Alfred Ulrich zu danken. Ihm, der Stadt Steinheim an der Murr und ihrem Urmensch-Museum ein herzliches Glück auf!

Stuttgart
Im Juli 1983

Dr. Karl Dietrich Adam
Universitätsprofessor

Das Hans-Trautwein-Haus

Die Eröffnung des Urmensch-Museums Steinheim an der Murr im einstigen Kirchschulhaus gab 1968 Anlaß, dem nunmehr neuen Aufgaben dienenden alten Gebäude Hans Trautweins Namen zu verleihen und derart einen bedeutenden Steinheimer Schultheißen zu ehren. Als solcher wirkte er von 1600 an mit Tatkraft und Erfolg, bis daß ihn 1614 dunkle Machenschaften seiner Neider mit Lug und Trug zu Fall brachten. Doch in der Not des Dreißigjährigen Krieges holte man ihn 1626 in sein Amt zurück, und in diesem fand er 1634 seinen Tod, wurde von spanischen Truppen mißhandelt und ermordet.

Für lange Zeit hat Hans Trautwein das Bild der unter ihm 1609 zum Marktflecken erhobenen Gemeinde geprägt, deren im Jahre 1881 nahe dem Rathaus und neben der Martinskirche erbautes Schulhaus jetzt seinen Namen trägt. Bis 1963 als Schule genutzt, nahm dieses Gebäude 1965 die Stadtbücherei und 1968 das Urmensch-Museum auf. Der diesem verfügbare Raum wurde 1974 durch einen rückwärtigen Anbau vergrößert und – nach dem Auszug der Stadtbücherei sowie der Aufgabe eines Vereinsraumes und einer Wohnung – bis 1983 auf das gesamte Erdgeschoß und auf das erste Obergeschoß erweitert.

Durch das im Anbau aufgestellte Steppenelefanten-Skelett war die Nutzung des Erdgeschosses vorgegeben; hier findet die Tierwelt der warmzeitlichen Waldelefanten-Sande wie die der kaltzeitlichen Steppenelefanten-Kiese ihre Darstellung. Im Obergeschoß wird versucht, den Steinheimer Urmenschen in die leibliche Entwicklung und geistige Entfaltung der Menschheit im Eiszeitalter einzubinden, deren Erforschung ebenso Raum gegeben wird wie den aus dem Steinheimer Fund gewonnenen Ergebnissen und Erkenntnissen. Dieses Thema beschließt der so berühmt gewordene Urmenschen-Schädel aus den Schottern der unteren Murr, dessen Präsentation die Ausführungen über das Fundgebiet und damit über den erdgeschichtlichen Rahmen der Fundstätte nachfolgen – Vorbereitung für das Betrachten des Fundgutes im Erdgeschoß, mit dem man einen Rundgang durch das Urmensch-Museum beenden sollte.

Bild 1. Blick in das Urmensch-Museum 1975. Die Stirnseite der Mittelvitrine im Blickpunkt des für fünfzehn Jahre einzigen Ausstellungsraumes mit dem Steinheimer Urmenschen-Schädel vor den wandwärts anschließenden Schauflächen zur Darstellung der Erforschung des vorzeitlichen Menschen. Links eine Wandtafel mit vereinfachter Wiedergabe der Entwicklung der Menschheit während des Quartärs. In den rechten Seitenvitrinen – außer einer knappen Faunenübersicht und etlichen kleineren Fossilbelegen – die Geweihschaufel eines Steppenriesenhirsches und die Stirnschädel zweier Steppenbisons.

Bild 2. Plan des Urmensch-Museums. Mit den Zahlen 1 bis 35 gekennzeichneter Rundgang durch die Bereiche A bis C des Urmensch-Museums Steinheim an der Murr im Erd- und Obergeschoß des Hans-Trautwein-Hauses.

Tabelle 1. Zum Plan des Urmensch-Museums Steinheim an der Murr.

HAUPTBEREICHE

Bereich	A I–II

Zur Einführung in das Steinheimer Urmensch-Museum

Bereich	A I
Erdgeschoß	Aufgang
Rundgang	1–2

Etwas über die erste Menschengesellschaft

Das Urmensch-Museum Steinheim an der Murr

Bereich	A II
Obergeschoß	Aufgang
Rundgang	3

Das Antlitz des vorzeitlichen Menschen

Bereich	B I–III

Das Erkennen und Erforschen des Vorzeitmenschen

Bereich	B I
Obergeschoß	Vorraum/Raum 1
Rundgang	4–5

Der Mensch als Glied des Naturganzen

Bereich	B II
Obergeschoß	Raum 1
Rundgang	6–7

Die Erforschung des vorzeitlichen Menschen

Bereich	B III
Obergeschoß	Raum 1
Rundgang	8–10

Des Menschen Stammesgeschichte im Überblick

Bereich	C I–III

Der Steinheimer Urmensch und seine einstige Umwelt

Obergeschoß

Bereich C I

Obergeschoß Raum 1/Raum 2
Rundgang 11–12
Der Urmensch von Steinheim an der Murr
Der Steinheimer Urmenschen-Schädel

Bereich C II

Obergeschoß Raum 3
Rundgang 13–20
Das Fundgebiet um Steinheim an der Murr
Von der Geologie des Steinheimer Umlandes
Die quartäre Schichtenfolge an der Murr

Bereich C III

Erdgeschoß Raum 4/Raum 5
Rundgang 21–35
Das Fundgut von Steinheim an der Murr
Die Tierwelt der Waldelefanten-Sande
Die Tierwelt der Steppenelefanten-Kiese

NEBENBEREICHE

Bereich D

Obergeschoß Tonbildschau

Bereich E

Erdgeschoß Aufsicht

Bereich F

Erdgeschoß Toilette
Obergeschoß Toilette

Bild 3. Blick in das Urmensch-Museum 1983. Der alte Ausstellungsraum in seiner neuen Gestaltung mit Belegen von Großsäugetieren aus den kaltzeitlichen Schottern der unteren Murr. An der Wandfläche – hinter der Bodenvitrine mit dem Skelett eines Steppenbisons in Fundlage – das breitausladende Geweih des Steinheimer Steppenriesenhirsches. In der rechten Standvitrine Darstellung des Weges eines Fundes vom Eingipsen in der Kiesgrube über das Freilegen in der Werkstatt bis hin zur Ausstellung am Beispiel eines dank umsichtiger Bergung vollständig erhaltenen Schädels vom Steppenbison.

Zur Einführung in das Steinheimer Urmensch-Museum

Etwas über die erste Menschengesellschaft

Bild 4.
Friedrich Schiller im Jahre 1794.

Gedanken von Friedrich Schiller 1791 – An der Grenze vom Tier zum Menschen

Friedrich Schiller 1759–1805

Das von Bernhard Frank, einem Schüler Johann Heinrich Danneckers, 1794 geschaffene Reliefporträt in Gips erinnert an Friedrich Schillers Aufenthalt in der württembergischen Heimat vom Sommer 1793 bis zum Mai des folgenden Jahres; das Original wird im Schiller-Nationalmuseum in Marbach am Neckar verwahrt.

Zu der 1791 im elften Heft der „Thalia“ erschienenen Abhandlung „Etwas über die erste Menschengesellschaft nach dem Leitfaden der mosaischen Urkunde“ merkt Friedrich Schiller als Verfasser an, daß ihm ein Aufsatz Immanuel Kants Anlaß gab, sich mit diesem Thema zu befassen und diese Studie niederzuschreiben.

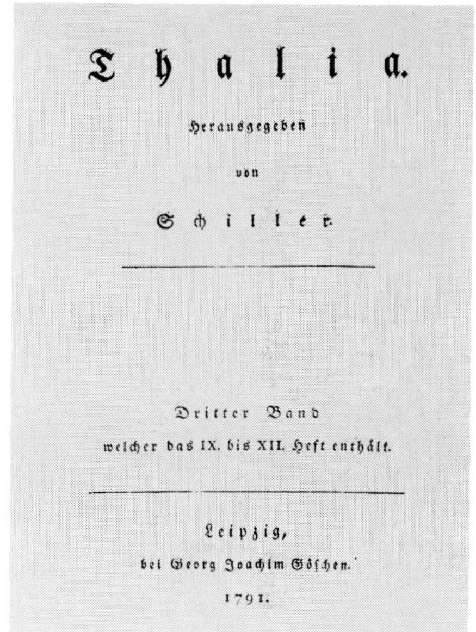

Thalia.

Herausgegeben

von

Schiller.

Dritter Band

welcher das IX. bis XII. Heft enthält.

Leipzig,

bei Georg Joachim Göschen.

1791.

Bild 5. Titelseite der „Thalia“ 1791.

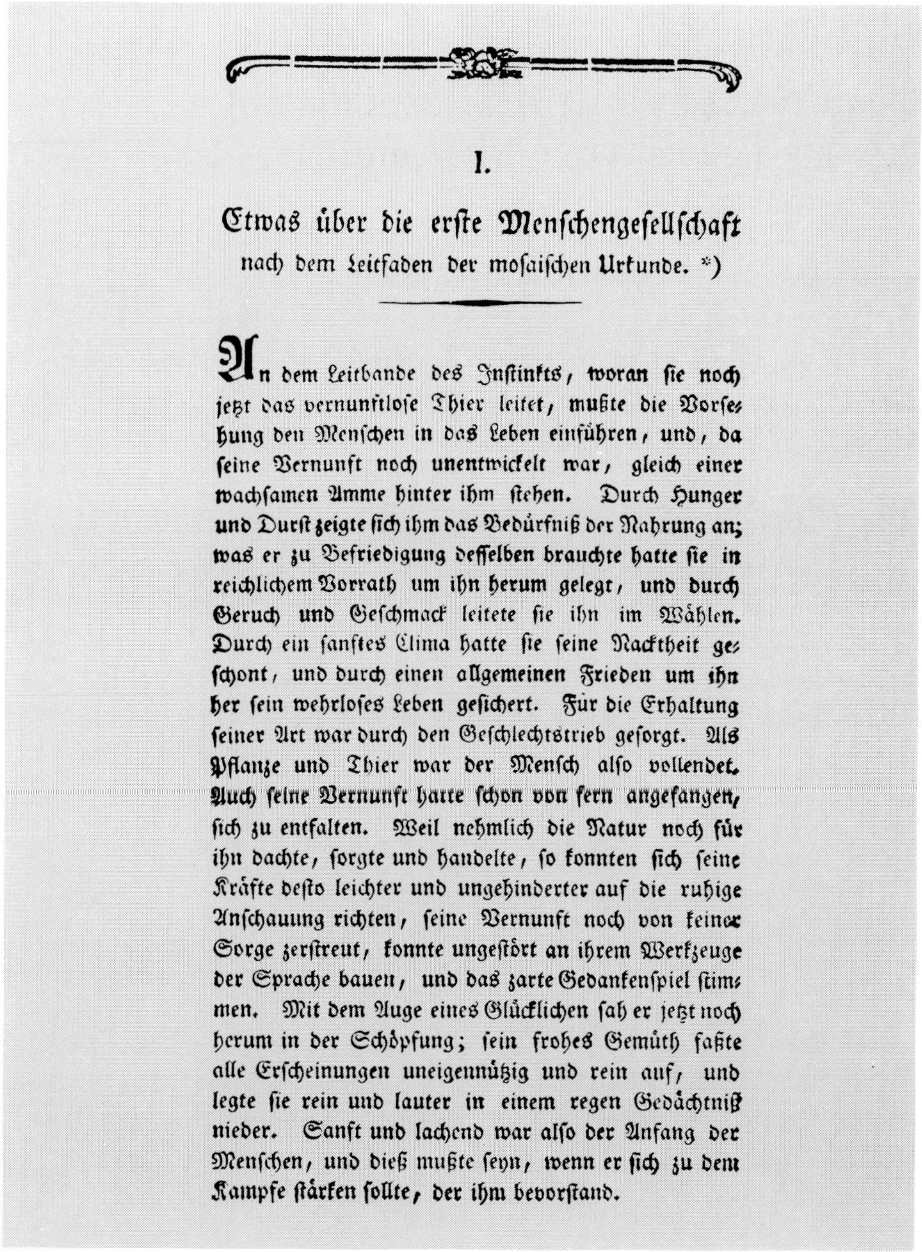

I.

Etwas über die erste Menschengesellschaft nach dem Leitfaden der mosaischen Urkunde. *)

An dem Leitbande des Instinkts, woran sie noch jetzt das vernunftlose Thier leitet, mußte die Vorsehung den Menschen in das Leben einführen, und, da seine Vernunft noch unentwickelt war, gleich einer wachsamen Amme hinter ihm stehen. Durch Hunger und Durst zeigte sich ihm das Bedürfniß der Nahrung an; was er zu Befriedigung desselben brauchte hatte sie in reichlichem Vorrath um ihn herum gelegt, und durch Geruch und Geschmack leitete sie ihn im Wählen. Durch ein sanftes Clima hatte sie seine Nacktheit geschont, und durch einen allgemeinen Frieden um ihn her sein wehrloses Leben gesichert. Für die Erhaltung seiner Art war durch den Geschlechtstrieb gesorgt. Als Pflanze und Thier war der Mensch also vollendet. Auch seine Vernunft hatte schon von fern angefangen, sich zu entfalten. Weil nehmlich die Natur noch für ihn dachte, sorgte und handelte, so konnten sich seine Kräfte desto leichter und ungehinderter auf die ruhige Anschauung richten, seine Vernunft noch von keiner Sorge zerstreut, konnte ungestört an ihrem Werkzeuge der Sprache bauen, und das zarte Gedankenspiel stimmen. Mit dem Auge eines Glücklichen sah er jetzt noch herum in der Schöpfung; sein frohes Gemüth faßte alle Erscheinungen uneigennützig und rein auf, und legte sie rein und lauter in einem regen Gedächtniß nieder. Sanft und lachend war also der Anfang der Menschen, und dieß mußte seyn, wenn er sich zu dem Kampfe stärken sollte, der ihm bevorstand.

Bild 6.
Belegstelle aus der „Thalia“ 1791.

Das Urmensch-Museum Steinheim an der Murr

Seine Aufgabe und seine Geschichte – Der Heimat Vorzeit als Verpflichtung

Bild 7. Tafel am Eingang des Urmensch-Museums.

Urmensch-Museum Steinheim an der Murr

Dem Emblem liegt die Nachbildung des Steinheimer Urmenschen-Schädels zugrunde, die 1935 nach Angaben Fritz Berckhemers durchgeführt wurde, und zwar mit dem Ziel, trotz der am Original vorhandenen Beschädigungen ein Bild seines einstigen Aussehens samt des nicht überlieferten und daher ergänzten Unterkiefers zu gewinnen.

Die Zeichnung des Kopfumrisses folgt – abgesehen von geringfügigen Abänderungen und dem Verzicht auf eine Andeutung der Haartracht – der von Michail Michailowitsch Gerassimow 1964 vorgelegten Rekonstruktion, die nach der von ihm begründeten, vielfach bewährten und anerkannten Methode des Nachformens von Weichteilen entstand.

Das Urmensch-Museum Steinheim an der Murr - Aufgabe und Geschichte

Am 24. Juli 1933 kam zu Steinheim an der Murr der Schädel eines Urmenschen zutage, der ein gewichtiges Zeugnis zu geben vermag für die Herkunft des Menschengeschlechts, für seine Entwicklung und Entfaltung. Er trägt dazu bei, die seit langem und von vielen erörterte Frage nach des Menschen Stellung in der Natur abzuklären, jene Frage, die einstmals auch den im nahen Marbach am Neckar geborenen, 1788 an die Universität Jena berufenen Friedrich Schiller als Historiker bewegte, und dies zu einer Zeit, da man noch der Mosaischen Urkunde, dem biblischen Schöpfungsbericht als verbindlicher Aussage verhaftet war und nichts ahnte von einer Jahrhundert-tausende umspannenden Urgeschichte der Menschheit.

Für die urgeschichtlichen Zeiten, für das Geschehen weit vor aller Geschichte, Verständnis zu wecken,

die Bedeutung des Steinheimer Urmenschen für die Stammesgeschichte der Hominiden darzulegen,

die wesentlichen Kennmale der Homo steinheimensis benannten Art aufzuzeigen,

aber auch des Schicksals dieses vor an die 250 000 Jahren dahingegangenen Menschen zu gedenken

sowie den Fund einzubinden in seinen erd- und lebensgeschichtlichen Rahmen

- dies sind die dem Urmensch-Museum Steinheim an der Murr gestellten Aufgaben.

Am 31. Mai 1968 unter Bürgermeister Alfred Ulrich im Hans-Trautwein-Haus festlich eingeweiht, wurde das Urmensch-Museum schon 1974 durch einen Anbau an den als zu klein empfundenen Ausstellungsraum erweitert. Dennoch konnte nicht mehr als ein knapper Einblick in das Thema geboten werden; so war die fünfzigjährige Wiederkehr des Tages der Entdeckung des Steinheimer Urmenschen verpflichtender Anlaß, dank zusätzlich gewonnenen Raumes eine neue, umfassendere museale Darstellung zu geben. Diese ist Ausdruck gemeinsamen Strebens und vereinten Wirkens des Staatlichen Museums für Naturkunde in Stuttgart und der Stadt Steinheim an der Murr, deren Name unlösbar mit dem ihres Urmenschen verbunden bleibt.

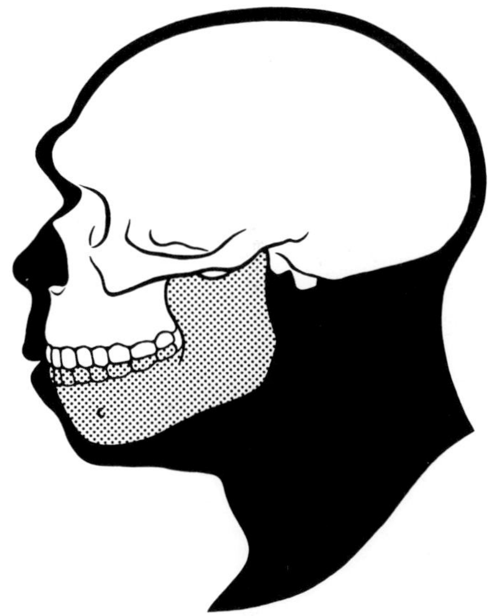

Bild 8. Emblem des Urmensch-Museums.

Bild 9. Tafel im Aufgang des Urmensch-Museums.

Das Antlitz des vorzeitlichen Menschen

Vom Vormenschen bis zum Neumenschen – Nachbildung des Gesichts auf dem Schädel

Neue Wege der Rekonstruktion

Bild 10. Friedrich Schiller auf dem Totenbett. Am Tage nach des Dichters Tod im Mai 1805 von Ferdinand Jagemann gefertigte Kreidezeichnung.

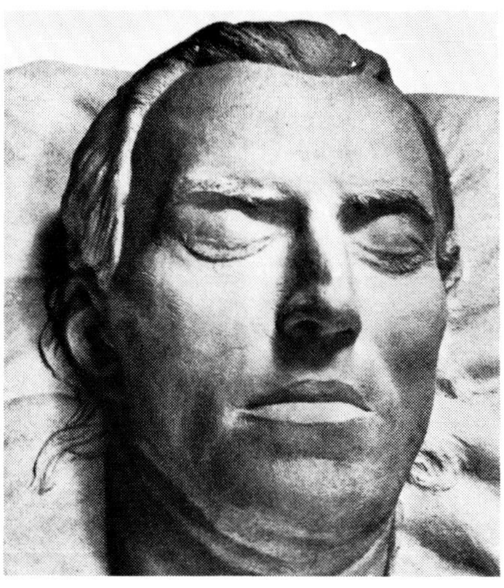

Unter den zahlreichen Versuchen, das einstige Aussehen vorzeitlicher Menschen darzustellen, nehmen jene des 1907 in Sankt Petersburg geborenen Prähistorikers und Anatomen Michail Michailowitsch Gerassimow eine besondere Stellung ein; denn ihm gelang es, auf dem Schädel Heutiger deren individuelles Porträt zu gestalten und somit auch seinen nach der gleichen Methode geschaffenen Rekonstruktionen fossiler Menschen ein hohes Maß an Glaubwürdigkeit zu verleihen.

Ein überzeugendes Beispiel für das Können dieses 1970 verstorbenen russischen Forschers ist das von ihm nachgebildete Gesicht Friedrich Schillers, das auf dem 1826 gehobenen, im Jahr darauf in die Weimarer Fürstengruft überführten Schädel entstand. Ein zweiter, 1911 aus der einstigen Grablege, dem Kassengewölbe auf dem Jakobsfriedhof, zutage geförderter und dem Dichter zugeschriebener Schädel erwies sich dagegen als der einer jung verstorbenen Frau.

Damit war die so lange umstrittene Frage, welcher von diesen beiden Schädeln derjenige Friedrich Schillers sei, eindeutig und endgültig entschieden, zugleich aber war ein weiterer Beweis dafür erbracht, daß sich in der Tat das Antlitz eines Menschen in seiner individuellen Eigenart allein aus der knöchernen Grundlage des Kopfskeletts erschließen läßt. Dazu jedoch bedarf es außer einer reichen Erfahrung auch der Fähigkeit, das Erschließbare sichtbar machen zu können.

Bild 11. Friedrich Schiller nach seinem Schädel. Im Mai 1963 von Michail Michailowitsch Gerassimow nachgestaltetes Porträt des Dichters.

Bild 12. Vormensch von Sterkfontein nach einem bei Krugersdorp geborgenen weiblichen Schädel des Australopithecus africanus.

Bild 13. Frühmensch von Choukoutien nach einem bei Peking ergrabenen männlichen Schädel des Pithecanthropus pekinensis.

Bild 14. Altmensch von Le Moustier nach dem 1908 in einem Abri rechts der Vézère gehobenen männlichen Skelett eines jungpleistozänen Homo neanderthalensis.

Bild 15. Altmensch von La Chapelle-aux-Saints nach der 1908 bei Brive freigelegten mittelpaläolithischen Bestattung eines männlichen Homo neanderthalensis.

Bild 16. Neumensch von Cro-Magnon nach dem 1868 in einem Abri über der Vézère gefundenen männlichen Skelett eines jungpleistozänen Homo sapiens.

Bild 17. Neumensch von Combe-Capelle nach der 1909 bei Montferrand aufgedeckten jungpaläolithischen Bestattung eines männlichen Homo sapiens.

Das Erkennen und Erforschen des Vorzeitmenschen

Der Mensch als Glied des Naturganzen

Bereich B I ❹

Vom Fortschritt des Wissens – Ein Rückblick auf die Geschichte

Bild 18. Bereich B I mit dem Blick auf Nummer 4 des Rundgangs.

Bild 19. Als Betender Knabe bekanntgewordene Statue nach einem griechischen Original aus der Schule des im vierten vorchristlichen Jahrhundert wirkenden Bildhauers Lysippos von Sikyon.

Das Bild des abendländischen Menschen – Betender Knabe als Beispiel

Die als Betender Knabe, als Adorant, gedeutete Statue ist eine römische Bronzekopie nach einem verschollenen griechischen Original aus der Schule des Bronzebildners Lysippos von Sikyon, einer den Künsten seit alters her zugewandten Stadt nahe bei Korinth. Im vierten vorchristlichen Jahrhundert war Lysippos der bedeutendste unter den Bildhauern des Peloponnes und einer der großen Meister griechischer Plastik, bekannt auch als Hofbildhauer Alexanders des Großen. Lysippos, der sich die Natur selbst zum Vorbild erwählt haben soll, führte eine große Werkstatt und Kunstschule; in der Zeit des Ausklangs der Klassik lebend und wirkend, stand er an der Schwelle zum Hellenismus, den er beeinflußte, ja mit zu prägen vermochte.

Die 128 Zentimeter hohe, nach der Überlieferung wohl im oder am Tiber gefundene Statue gelangte im 17. Jahrhundert aus Italien nach Frankreich, und zwar in den Besitz der Familie des Oberintendanten der Finanzen Nicolas Fouquet. Von dort erwarb sie 1717 der ob seiner Siege über die Türken gefeierte und als der Edle Ritter besungene Prinz Eugen von Savoyen, und von 1747 an schmückte die Bronzefigur für vier Jahrzehnte eine der Terrassen des damals für Preußens König, Friedrich den Großen, in Potsdam errichteten Schlosses Sanssouci. Nach Preußens Zusammenbruch 1806 wurde die Statue aus dem Berliner Schloß nach Paris entführt, aber schon wenige Jahre später, nach der Niederlage des Kaisers der Franzosen Napoleon Bonaparte, wieder nach Berlin zurückgeholt.

Des Menschen Stellung in der Natur – Carl Linnaeus 1707–1778

Das in zehnter Auflage 1758 mit dem ersten, 1759 mit dem zweiten Band erschienene, „Systema Naturae" benannte Werk von Carl Linnaeus ist – grundlegend und fortwirkend – ein Markstein der Geschichte der Biologie. In diese umfassende Bestandsaufnahme der Artenvielfalt aller ihm damals bekannten Lebewesen bezog der große schwedische Gelehrte, der ob seiner hohen Verdienste 1762 als Carl von Linné in den Adelsstand erhoben wurde, auch den heutigen Menschen ein; ihm gab er zugleich seinen seit 1758 in der Wissenschaft gültigen, aus Gattung und Art gebildeten, binominalen Namen Homo sapiens, der mit Vernunft Begabte, und zu dessen Kennzeichnung ist beigefügt: Nosce te ipsum – erkenne dich selbst! Solch ein besonderes Vermögen wird hier dem Menschen zugestanden, der ansonsten aber auf Grund seiner körperlichen Merkmale von Carl Linnaeus gleich den Affen in die Gruppe der Primaten, der Herrentiere, gestellt und damit als Säugetier ins Regnum animale, ins Tierreich, einbeschlossen wird.

Bild 20. Carl Linnaeus (1707–1778) nach einem Stich aus dem Jahre 1775.

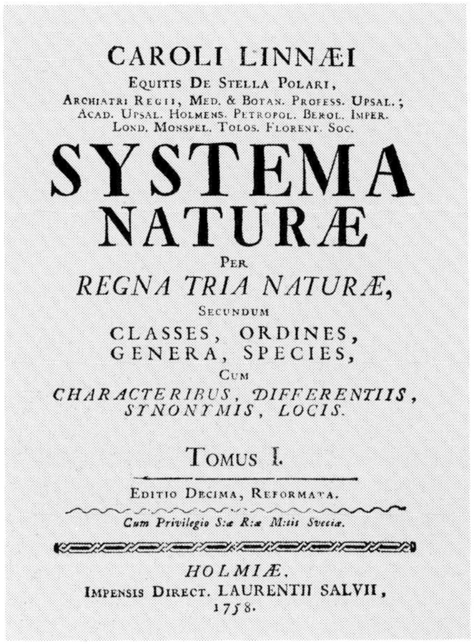

CAROLI LINNÆI
EQUITIS DE STELLA POLARI,
ARCHIATRI REGII, MED. & BOTAN. PROFESS. UPSAL.;
ACAD. UPSAL. HOLMENS. PETROPOL. BEROL. IMPER.
LOND. MONSPEL. TOLOS. FLORENT. SOC.

SYSTEMA
NATURÆ
PER
REGNA TRIA NATURÆ,
SECUNDUM
CLASSES, ORDINES,
GENERA, SPECIES,
CUM
CHARACTERIBUS, DIFFERENTIIS,
SYNONYMIS, LOCIS.

TOMUS I.

EDITIO DECIMA, REFORMATA.

Cum Privilegio S:æ R:æ M:tis Sveciæ.

HOLMIÆ.
IMPENSIS DIRECT. LAURENTII SALVII,
1758.

Bild 21. „Systema Naturae" von Carl Linnaeus. Titelseite des die weltweit verbindlich gewordene zoologische Namengebung begründenden ersten Bandes der zehnten Auflage vom Jahre 1758.

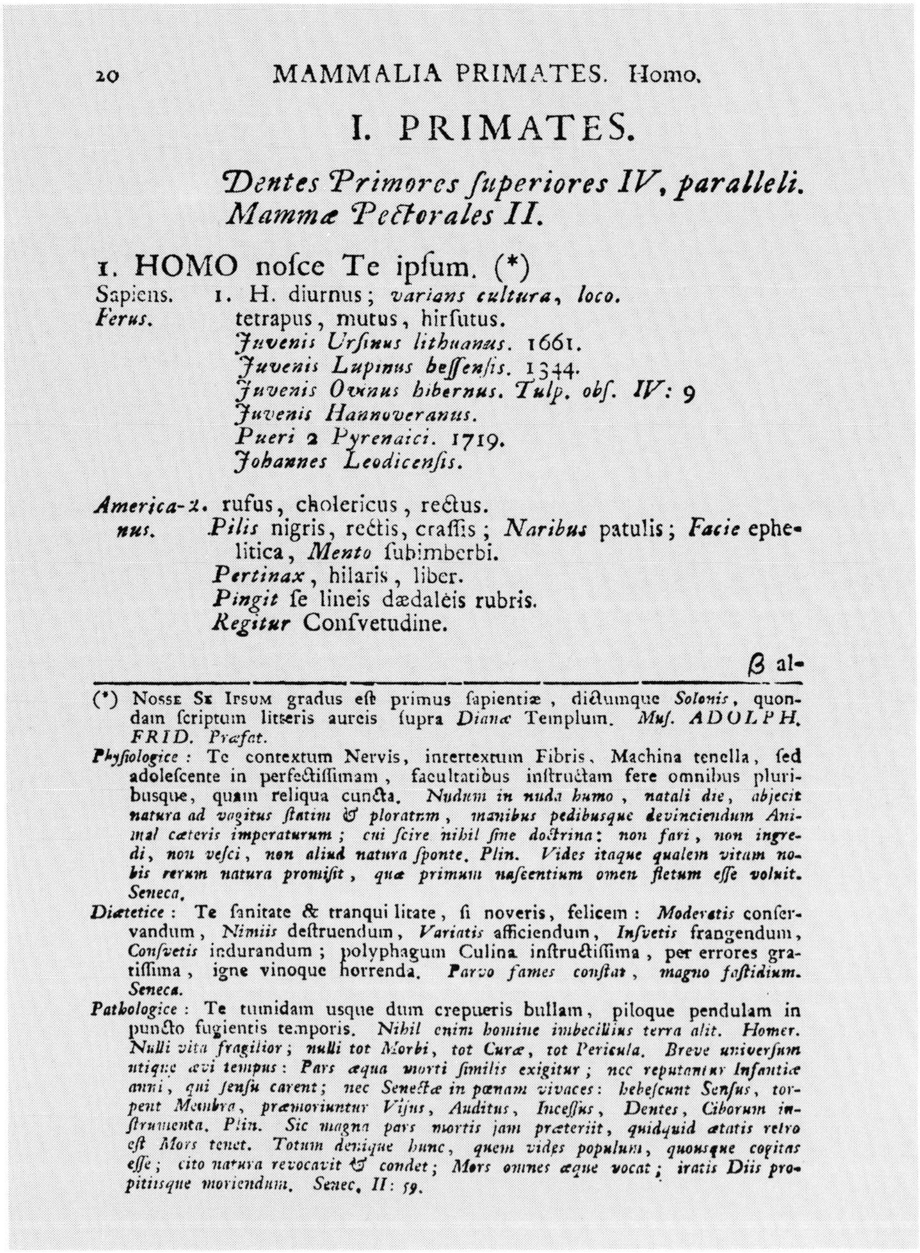

20 MAMMALIA PRIMATES. Homo.

I. PRIMATES.

Dentes Primores ſuperiores IV, paralleli.
Mammæ Pectorales II.

1. HOMO noſce Te ipſum. (*)
Sapiens. 1. H. diurnus; *varians cultura, loco.*
Ferus. tetrapus, mutus, hirſutus.
Juvenis Urſinus lithuanus. 1661.
Juvenis Lupinus heſſenſis. 1344.
Juvenis Ovinus hibernus. Tulp. obſ. IV: 9
Juvenis Hannoveranus.
Pueri 2 *Pyrenaici.* 1719.
Johannes Leodicenſis.

Americanus. 2. rufus, cholericus, rectus.
Pilis nigris, rectis, craſſis; *Naribus* patulis; *Facie* ephelitica, *Mento* ſubimberbi.
Pertinax, hilaris, liber.
Pingit ſe lineis dædaleis rubris.
Regitur Conſvetudine.

β al-

(*) NOSSE SE IPSUM gradus eſt primus ſapientiæ, dictumque *Solonis*, quondam ſcriptum litteris aureis ſupra *Dianæ* Templum. *Muſ. ADOLPH. FRID. Præfat.*

Phyſiologice: Te contextum Nervis, intertextum Fibris, Machina tenella, ſed adoleſcente in perfectiſſimam, facultatibus inſtructam fere omnibus pluribusque, quam reliqua cuncta. *Nudum in nuda humo, natali die, abjecit natura ad vagitus ſtatim & ploratum, manibus pedibusque deviciendum Animal cæteris imperaturum; cui ſcire nihil ſine doctrina: non fari, non ingredi, non veſci, non aliud natura ſponte. Plin. Vides itaque qualem vitam nobis rerum natura promiſit, quæ primum naſcentium omen fletum eſſe voluit. Seneca.*

Diætetice: Te ſanitate & tranqui litate, ſi noveris, felicem: *Moderatis* conſervandum, *Nimiis* deſtruendum, *Variatis* afficiendum, *Inſvetis* frangendum, *Conſvetis* indurandum; polyphagum Culina inſtructiſſima, per errores gratiſſima, igne vinoque horrenda. *Parvo fames conſtat, magno faſtidium. Seneca.*

Pathologice: Te tumidam usque dum crepueris bullam, piloque pendulam in puncto fugientis temporis. *Nihil enim homine imbecillius terra alit. Homer. Nulli vita fragilior; nulli tot Morbi, tot Curæ, tot Pericula. Breve univerſum utique ævi tempus: Pars æqua morti ſimilis exigitur; nec reputantur Infantiæ anni, qui ſenſu carent; nec Senectæ in pœnam vivaces: hebeſcunt Senſus, torpent Membra, præmoriuntur Viſus, Auditus, Inceſſus, Dentes, Ciborum inſtrumenta. Plin. Sic magna pars mortis jam præteriit, quidquid ætatis retro eſt Mors tenet. Totum denique hunc, quem vides populum, quousque cogitas eſſe; cito natura revocavit & condet; Mors omnes æque vocat; iratis Diis propitiisque moriendum. Senec. II: 59.*

Bild 22. „Systema Naturae" von Carl Linnaeus. Textseite mit der Benennung des zu den Primaten gestellten Menschen als Homo sapiens samt dessen Kennzeichnung mit den Worten der bekannten Inschrift des Apollontempels in Delphi „nosce Te ipsum".

Des Menschen Stellung in der Natur – Charles Robert Darwin 1809–1882

„On the Origin of Species“ ist der Titel eines 1859 zu London erschienenen epochemachenden umfänglichen Buches, welches den Namen seines Verfassers in aller Welt zum Inbegriff des Naturforschers schlechthin werden ließ: Charles Darwin. Er stellte in diesem seinem Lebenswerk die in langen Jahren gewonnenen Zeugnisse für den Wandel der Arten zusammen und vermochte so die Entwicklung der Lebewesen im Ablauf der Zeit, die Evolution, als Tatsache aufzuzeigen, zugleich aber auch durch das Prinzip der natürlichen Auslese, der Selektion, begreifbar zu machen. Daß der Mensch in dieses biologische Geschehen einbezogen ist, war für ihn eine unabdingbare, eine selbstverständliche und zunächst nur mit wenigen Worten angedeutete Folgerung. Bereits ein solcher Hinweis löste jedoch einen heftigen, erbitterten Streit, eine die fachlichen Grenzen weit überschreitende Diskussion über die tierische Abstammung des Menschen aus, für die Charles Darwin eine Fülle von Belegen zusammentragen und 1871 in seinem zweibändigen Werk „The Descent of Man“ bekanntgeben konnte.

Bild 23. Charles Robert Darwin (1809–1882) nach einem Stich aus dem Jahre 1849.

THE ORIGIN OF SPECIES

BY MEANS OF NATURAL SELECTION,

OR THE

PRESERVATION OF FAVOURED RACES IN THE STRUGGLE FOR LIFE.

BY CHARLES DARWIN, M.A.,

FELLOW OF THE ROYAL, GEOLOGICAL, LINNÆAN, ETC., SOCIETIES;
AUTHOR OF 'JOURNAL OF RESEARCHES DURING H. M. S. BEAGLE'S VOYAGE ROUND THE WORLD.'

LONDON:
JOHN MURRAY, ALBEMARLE STREET.
1859.

Bild 24. „On the Origin of Species" von Charles Robert Darwin. Titelseite der am 24. November 1859 zu London erschienenen und noch selbigen Tages vergriffenen Erstauflage von 1 250 Stück.

CHAP. XIV. CONCLUSION. 489

important researches. Psychology will be based on a new foundation, that of the necessary acquirement of each mental power and capacity by gradation. Light will be thrown on the origin of man and his history.

Authors of the highest eminence seem to be fully satisfied with the view that each species has been independently created. To my mind it accords better with what we know of the laws impressed on matter by the Creator, that the production and extinction of the past and present inhabitants of the world should have been due to secondary causes, like those determining the birth and death of the individual. When I view all beings not as special creations, but as the lineal descendants of some few beings which lived long before the first bed of the Silurian system was deposited, they seem to me to become ennobled. Judging from the past, we may safely infer that not one living species will transmit its unaltered likeness to a distant futurity. And of the species now living very few will transmit progeny of any kind to a far distant futurity; for the manner in which all organic beings are grouped, shows that the greater number of species of each genus, and all the species of many genera, have left no descendants, but have become utterly extinct. We can so far take a prophetic glance into futurity as to foretel that it will be the common and widely-spread species, belonging to the larger and dominant groups, which will ultimately prevail and procreate new and dominant species. As all the living forms of life are the lineal descendants of those which lived long before the Silurian epoch, we may feel certain that the ordinary succession by generation has never once been broken, and that no cataclysm has desolated the whole world. Hence we may look with some confidence to a secure future of equally inappreciable length. And as natural selection works

Y 3

Bild 25. „On the Origin of Species" von Charles Robert Darwin. Textseite mit dem Hinweis auf das Gültigsein des Gesetzes der Evolution auch für den Menschen in dem berühmt gewordenen Satz „Light will be thrown on the origin of man and his history".

Die Herkunft des Menschengeschlechts – Thomas Henry Huxley 1825–1895

Für Charles Darwins Gedanken über die Evolution, über Ablauf und Ursache der Entwicklung, setzte sich wohl kein anderer entschlossener und erfolgreicher ein als Thomas Henry Huxley, und er war es auch, der sogleich erkannte und in Wort wie Schrift zum Ausdruck brachte, welche Bedeutung diesen zukommt, wenn es gilt, die Stellung des Menschen in der Natur zu bestimmen. Solch wissenschaftlichem Streben diente der „Evidence as to Man's Place in Nature" betitelte Band: In ihm gibt Thomas Henry Huxley Einblick in die Naturgeschichte der menschenähnlichen Affen, untersucht die Beziehungen zwischen Mensch und Tier und bespricht die damals noch so spärlichen Überreste fossiler Menschen. Die diesen drei Themen gewidmeten inhaltsreichen Abhandlungen – 1863 zu einem überzeugenden frühen Beitrag für die tierische Herkunft des Menschen vereint – sind die erste Darstellung der menschlichen Abstammungslehre und stehen derart am Beginn eines neuen Zweiges der Forschung.

Bild 26. Thomas Henry Huxley (1825–1895) nach einem Gemälde aus dem Jahre 1879.

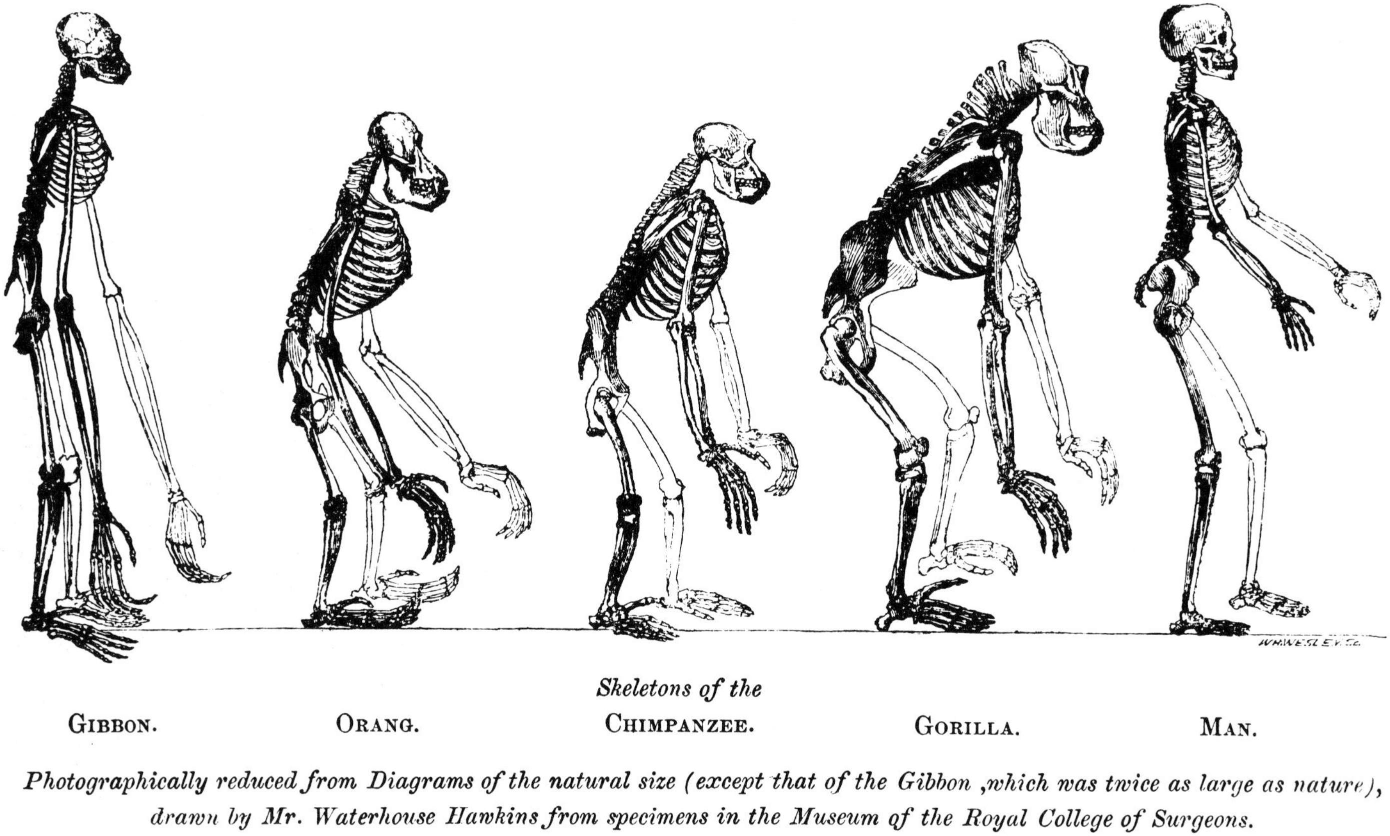

Bild 27. „Evidence as to Man's Place in Nature" von Thomas Henry Huxley. Titelbild mit den 1863 vergleichend nebeneinander gestellten Skeletten höherer Primaten oder Herrentiere vom Gibbon bis hin zum Menschen.

Bild 28. Skizze von Thomas Henry Huxley aus dem Jahre 1876 mit dem erdachten Eohomo und einem fünfzehigen Eohippus als ein die Herkunft des Menschen und des Pferdes karikierender Hinweis.

Die Herkunft des Menschengeschlechts – Ernst Heinrich Haeckel 1834–1919

Bild 29. Ernst Heinrich Haeckel (1834–1919) nach einer Aufnahme aus dem Jahre 1894.

In einem 1863 zu Stettin gehaltenen Vortrag, einem öffentlichen Bekenntnis für Charles Darwin, legte Ernst Haeckel einen ersten, knapp gefaßten Entwurf der menschlichen Ahnenreihe vor, die über affenähnliche Säugetiere Stufe um Stufe zurückführt bis zu niederen Wirbeltieren des Erdaltertums. Es war dies zugleich ein früher Ausdruck seiner Vorstellung von der Verwandtschaft alles Lebendigen, dem dann drei Jahre später die „Generelle Morphologie der Organismen" folgte, sein genialer Versuch, über eine natürliche Klassifikation der Lebewesen zu einem Stammbaum des Tier- und Pflanzenreiches zu gelangen. Solch einer Aufgabe blieb Ernst Haeckel ein Leben lang verhaftet, und wieder und wieder wurde auch und vor allem des Menschen Herkunft und Stellung skizziert, so 1895 im letzten Teil seines dreibändigen Werkes „Systematische Phylogenie": Diesem ist ein schon lange zuvor konzipierter Stammbaum der Primaten bis hin zum heutigen Menschen beigefügt – ein für jene Zeit staunenswertes Bild, das dem erlangten Wissen prägnanten Ausdruck zu verleihen vermochte.

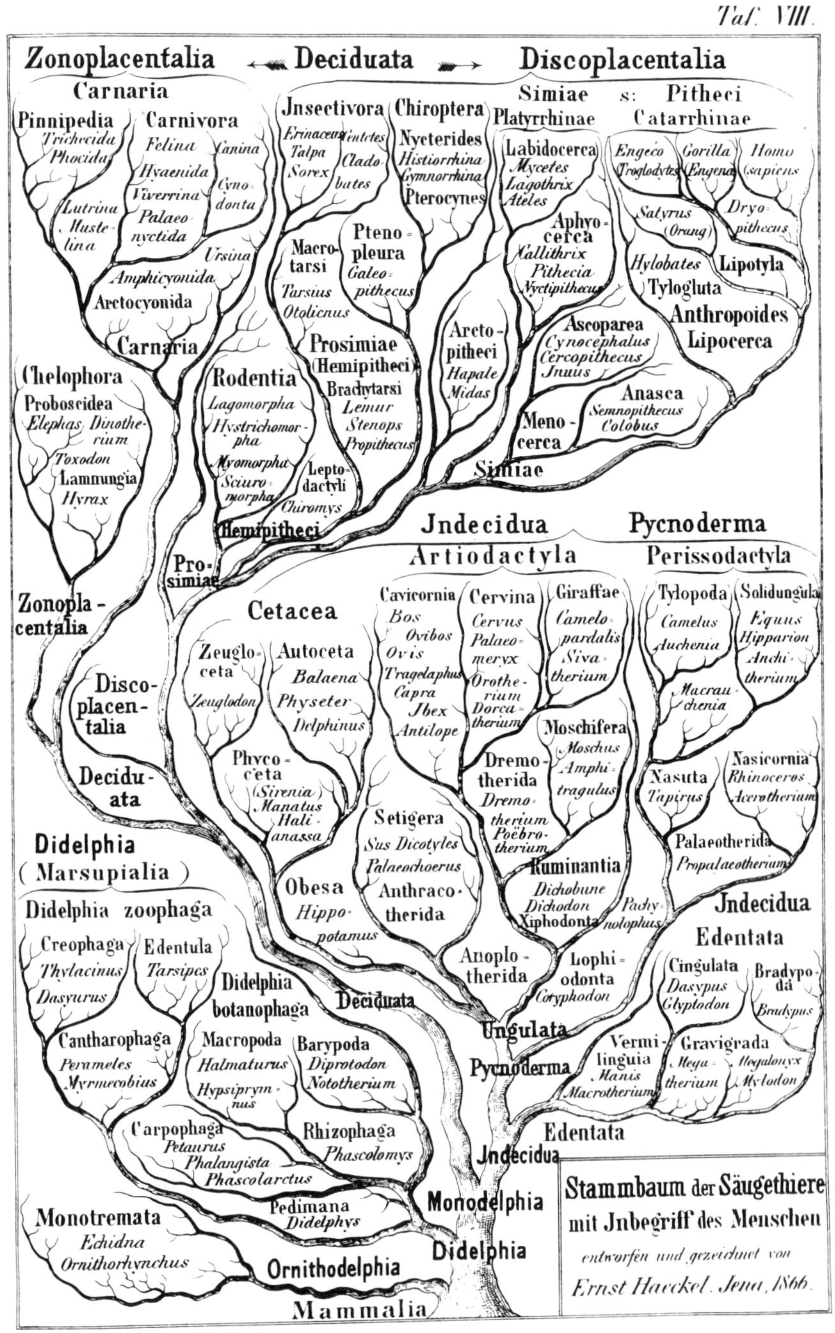

Bild 30. „Generelle Morphologie der Organismen“ von Ernst Heinrich Haeckel. Tafel mit dem 1866 entworfenen Bild des weitverzweigten und reichgegliederten Stammbaums der Säugetiere einschließlich des Homo sapiens.

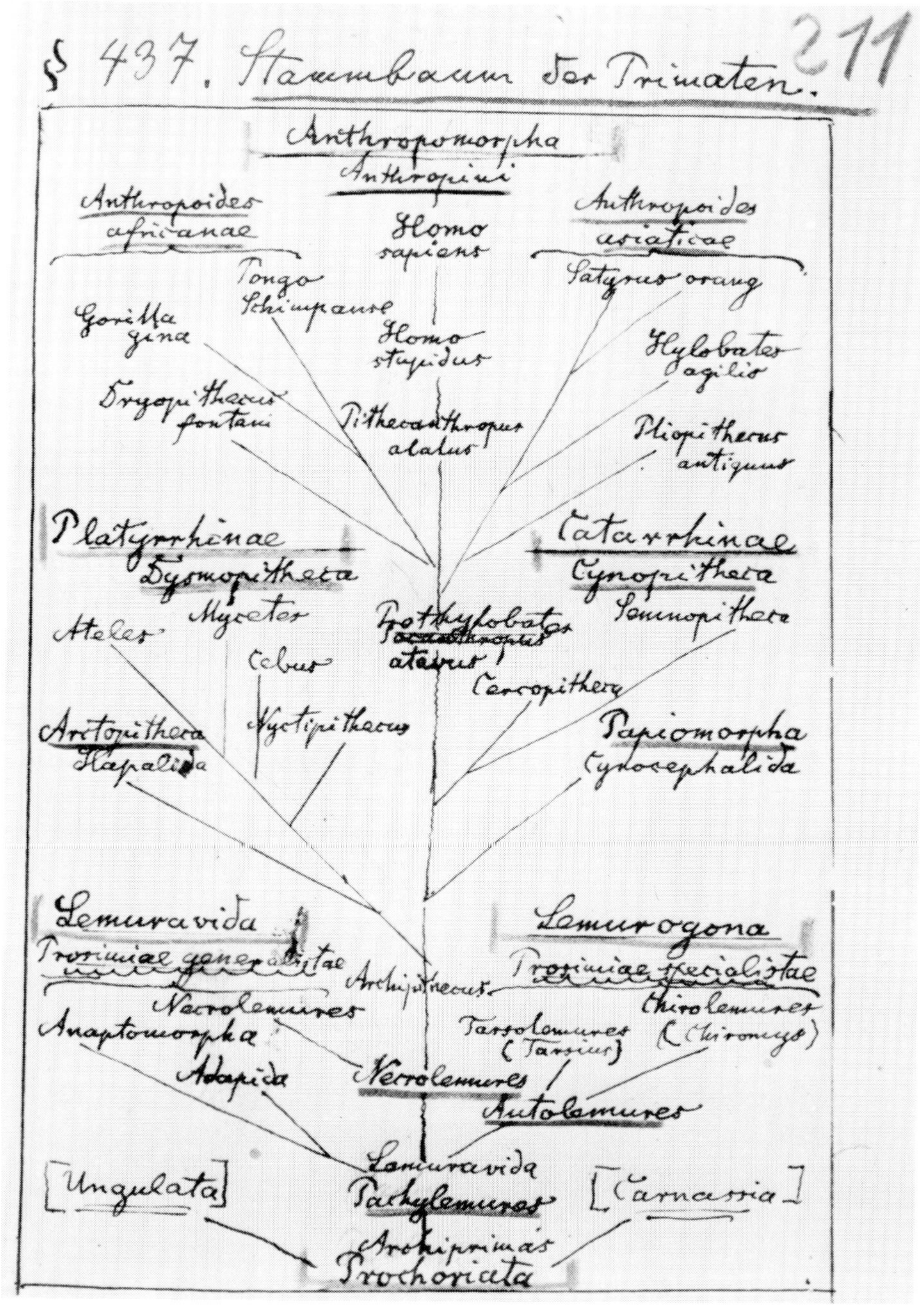

Bild 31. Skizze von Ernst Heinrich Haeckel aus dem Jahre 1895 zur Kennzeichnung der Stellung des Menschen samt seiner Ahnen innerhalb des von ihm erarbeiteten Stammbaums der Primaten.

Bild 32. ,,Auserlesene Abhandlungen" von Carl Linnaeus. Titelseite zu der diesem Band 1776 in Übersetzung beigefügten Schrift über die Anthropomorphen mit der Feststellung weitgehender Übereinstimmung zwischen Menschen und Menschenaffen.

Zeugnisse großer Naturforscher – Carl Linnaeus 1776

,,Ich weiß zwar sehr wohl, welcher große Unterschied zwischen dem Menschen und dem Vieh herrschet, wenn man beyde von der moralischen Seite betrachtet. Nur der Mensch ist das Geschöpf, welches Gott der Schöpfer gewürdiget hat mit einer unsterblichen Seele zu zieren . . . Ich will als Naturforscher den Menschen nach allen Theilen seines Körpers betrachten; und wann ich dies thue: so finde ich schwerlich ein einziges Merkmal, wodurch der Mensch von Affen unterschieden werden kann . . . Weder das Angesicht und die Füsse, noch der aufrechte Gang, noch irgend etwas anders in der äusseren Struktur des Menschen, ist von den sämmtlichen Affengattungen verschieden."[1]

Unter den von Ernst Justus Theodor Höpfner übersetzten, aus den ,,Amoenitates Academicae" ausgewählten Abhandlungen geht jene ,,Vom Thiermenschen" auf die ,,Anthropomorpha" betitelte Dissertation des Jahres 1760 von Christianus Emmanuel Hoppius zurück, von der man annehmen darf, daß sie die Ansichten seines Lehrers Carl Linnaeus wiedergibt. In der 1776 erstmals in deutscher Sprache vorgelegten Schrift – und dies ist für das Verständnis des ihr entnommenen Zitats zu beachten – werden als Affen im eigentlichen Sinne lediglich die menschenähnlichen unter den Primaten verstanden, zu deren Kenntnis aus eigener Beobachtung jedoch nichts beigetragen werden konnte, und folglich mußte sich Carl Linnaeus mit Angaben anderer aus Quellen unterschiedlicher Gewichtigkeit bescheiden.

Zeugnisse großer Naturforscher – Charles Robert Darwin 1876

,,Sobald ich im Jahre 1837 oder 1838 überzeugt worden war, daß Arten veränderliche Produkte sind, konnte ich mich nicht dem Glauben verschließen, daß auch der Mensch unter dasselbe Gesetz fallen müsse. Infolgedessen sammelte ich mir . . . Notizen, die sich auf den Gegenstand bezogen. Obgleich in der ‚Entstehung der Arten‘ nirgends die Abkunft irgendeiner besonderen Art erörtert wird, hielt ich es doch für das beste, damit kein anständiger Mensch mich deshalb angreifen könne, weil ich meine Ansichten verheimlicht hätte, diesem Werke die Bemerkung hinzuzufügen, ‚es werde auch der Ursprung des Menschen und seine Geschichte beleuchtet werden‘.“[2]

Die hier angeführten Worte aus Charles Darwins ,,Autobiographie“ folgen einem 1876 niedergeschriebenen Hinweis auf das Erscheinen der beiden Bände ,,The Descent of Man“, einem im Februar 1871 ausgelieferten Werk, das in der ihm eigenen behutsamen und sorgfältigen Art seine Überzeugung von der tierischen Abstammung des Menschen wiedergibt. Dessen hohes geologisches Alter sieht er durch die Forschungen anderer als erwiesen an, und für die in einer Vielzahl von Merkmalen dokumentierten nahen und engen Beziehungen des Menschen zu den anthropomorphen Affen kann er sich auf die Abhandlungen Thomas Henry Huxleys stützen. Zur Genealogie des Menschen aber verweist Charles Darwin auf Ernst Haeckel, in dessen ausführlichen Erörterungen er die eigenen Folgerungen bestätigt findet.

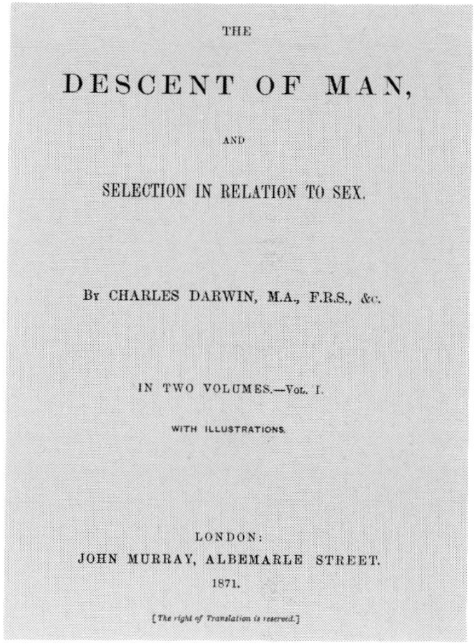

THE

DESCENT OF MAN,

AND

SELECTION IN RELATION TO SEX.

By CHARLES DARWIN, M.A., F.R.S., &c.

IN TWO VOLUMES.—Vol. I.

WITH ILLUSTRATIONS.

LONDON:
JOHN MURRAY, ALBEMARLE STREET.
1871.

[The right of Translation is reserved.]

Bild 33. „The Descent of Man“ von Charles Robert Darwin. Titelseite dieser am 24. Februar 1871 in zwei Bänden ausgelieferten Studien über den Ursprung und die Herkunft des Menschen zur Begründung seiner tierischen Abstammung.

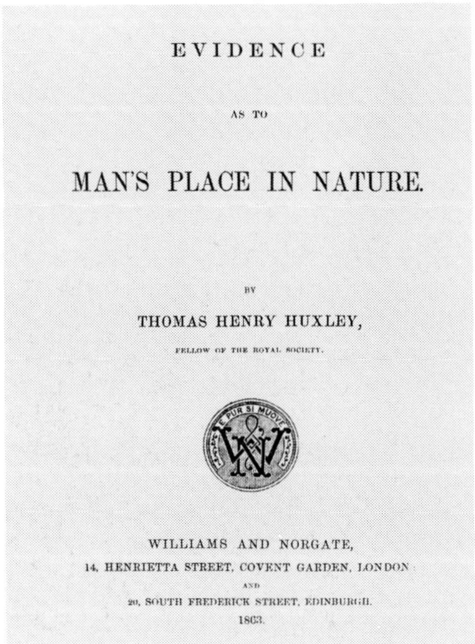

EVIDENCE

AS TO

MAN'S PLACE IN NATURE.

BY

THOMAS HENRY HUXLEY,

FELLOW OF THE ROYAL SOCIETY.

WILLIAMS AND NORGATE,

14, HENRIETTA STREET, COVENT GARDEN, LONDON;

AND

20, SOUTH FREDERICK STREET, EDINBURGH.

1863.

Bild 34. „Evidence as to Man's Place in Nature" von Thomas Henry Huxley. Titelseite zu drei 1863 die Stellung des Menschen in der Natur umreißenden Abhandlungen als Grundlegung der mit diesem Werk einsetzenden menschlichen Abstammungslehre.

Zeugnisse großer Naturforscher – Thomas Henry Huxley 1863

„Die Frage aller Fragen für die Menschheit – das Problem, welches allen übrigen zugrunde liegt und welches tiefer interessiert als irgendein anderes –, ist die Bestimmung der Stellung, welche der Mensch in der Natur einnimmt und seiner Beziehungen zu der Gesamtheit der Dinge. Woher unser Stamm gekommen ist, welches die Grenzen unserer Gewalt über die Natur und der Gewalt der Natur über uns sind, auf welches Ziel wir hinstreben: das sind die Probleme, welche sich von neuem und mit unvermindertem Interesse jedem zur Welt geborenen Menschen darbieten."[3]

Mit diesen schon so oft angeführten, trefflichen und einprägsamen Worten beginnt Thomas Henry Huxleys Abhandlung „On the Relations of Man to the Lower Animals", die mit zwei weiteren Schriften vereint 1863 als eine die menschliche Abstammungslehre begründende Trilogie unter dem Titel „Evidence as to Man's Place in Nature" erschien und noch gleichen Jahres von Julius Victor Carus auch ins Deutsche übertragen wurde.

Zeugnisse großer Naturforscher – Ernst Heinrich Haeckel 1866

,,Kein objectiver und vorurtheilsfreier Naturforscher kann bestreiten, dass der Mensch ein Wirbelthier, und zwar ein Säugethier, gleich allen anderen ist, und dass er demgemäss, wenn überhaupt die Descendenz-Theorie wahr ist, sich aus einem und demselben Stamme mit den ersteren entwickelt haben muss. Die Theorie, dass der Mensch von niederen Wirbelthieren, und zwar zunächst von unter ihm stehenden Säugethieren abstammt, ist eine vollkommen gesicherte und nothwendige Deduction, welche wir aus dem umfassenden Inductions-Gesetz der Descendenz-Theorie ableiten.“[4]

Ernst Haeckels ,,Generelle Morphologie der Organismen“ von 1866 bringt im zweiten Band als Anhang zur Einleitung einen gesonderten Beitrag – und diesem ist das Zitat entnommen – über den Stammbaum des Menschen. Zudem wird in einem Kapitel gegen Ende des Bandes ,,Die Stellung des Menschen in der Natur“ erörtert und die menschliche Ahnenreihe in den Stammbaum der Wirbeltiere im allgemeinen, in den der Säugetiere im besonderen einbezogen.

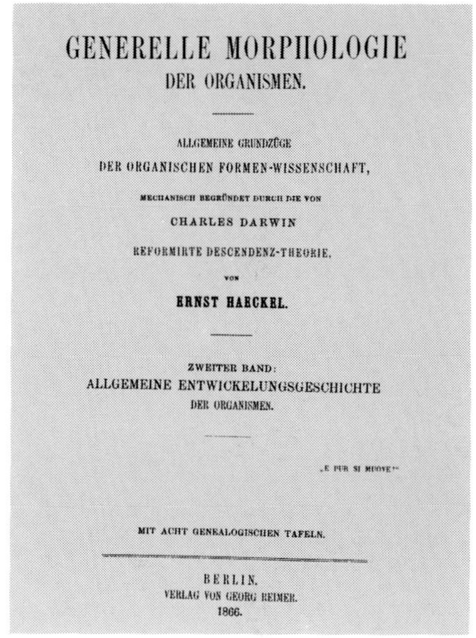
GENERELLE MORPHOLOGIE
DER ORGANISMEN.

ALLGEMEINE GRUNDZÜGE
DER ORGANISCHEN FORMEN-WISSENSCHAFT,
MECHANISCH BEGRÜNDET DURCH DIE VON
CHARLES DARWIN
REFORMIRTE DESCENDENZ-THEORIE,
VON
ERNST HAECKEL.

ZWEITER BAND:
ALLGEMEINE ENTWICKELUNGSGESCHICHTE
DER ORGANISMEN.

„E PUR SI MUOVE!“

MIT ACHT GENEALOGISCHEN TAFELN.

BERLIN.
VERLAG VON GEORG REIMER.
1866.

Bild 35. ,,Generelle Morphologie der Organismen“ von Ernst Heinrich Haeckel. Titelseite dieses auch den Menschen in die Entwicklungsgeschichte einbindenden und seine Ahnenreihe aufzeigenden zweibändigen Werks aus dem Jahre 1866.

Der Mensch als Glied des Naturganzen

Vom Fortschritt des Wissens – Einige Beispiele aus der Forschung

Die Erd- und Lebensgeschichte – Eintrag auf ein Zifferblatt

Einzelne Spuren irdischen Lebens finden sich bereits in den jüngeren Ablagerungen des Kryptozoikums, der Milliarden Jahre währenden Frühzeit der Erde; eine reichere Fossildokumentation liegt aber erst aus den Schichten des Phanerozoikums vor, des nachfolgenden, vor an die 600 Millionen Jahren beginnenden Weltalters der nunmehr erkennbar werdenden stammesgeschichtlichen Entwicklung.

Für die Pflanzenwelt ist als gewichtiges Ereignis das sich gegen Ende des Silurs andeutende Erobern des Festlandes durch Gefäßpflanzen herauszuheben; ihm folgt ein rasches Sichausbreiten der Farngewächse und bald schon ein Hinzutreten früher Samenpflanzen mit den ab mittlerem Devon einsetzenden Nacktsamern, wohingegen man die so formenreichen bedecktsamigen Blütenpflanzen nicht vor der unteren Kreide nachzuweisen vermag. Gemessen an ihrer niederen Organisation sind die ebenfalls den Sproßpflanzen oder Kormophyten zugehörenden Moosgewächse erst spät, ab oberem Devon, belegt und zudem als Fossilien vergleichsweise selten. In der Tierwelt ist allein die Evolution der Vertebraten, der Wirbeltiere, voll zu überschauen; deren früheste Vertreter werden als Kieferlose im Ordovizium und als altertümliche Fische im Silur oder Gotlandium faßbar. Über Lurche – seit dem Oberdevon – und Kriechtiere – seit dem Oberkarbon – führt die Entwicklung einerseits zu den ersten Vögeln des oberen Juras und andererseits zu den schon um die Wende von Trias zu Jura nachweisbaren Säugetieren.

Diese erlangen mit dem Tertiär die Vorherrschaft unter den Wirbeltieren des festen Landes, und die Primaten, die Herrentiere im Kreis der Säugetiere, entwickeln sich gegen Ende dieser Zeit bis hin zum Menschen. Sein erdgeschichtlich so spätes Erscheinen zeichnet sich besonders eindrucksvoll ab, wenn man das vom Kambrium zum Quartär führende Geschehen – auf zwölf Stunden zusammengerafft – auf das Zifferblatt einer Uhr überträgt, setzt doch dann die menschliche Dokumentation erst kurz vor dem zwölften Glockenschlag ein: Knapp 150 Sekunden sind seit dem Anfang des Quartärs, der Pleistozän und Holozän zusammenfassenden Periode, verstrichen; vor 36 Sekunden lebte der Heidelberger, vor 18 Sekunden der Steinheimer, vor 5 Sekunden der Neandertaler, und die letzte Sekunde beginnt mit der Zeit der Rentier-Jäger des ausklingenden Eiszeitalters; in ihr endet die menschliche Urgeschichte, sie umspannt ferner die vor- und frühgeschichtlichen Zeiten, und sie bringt endlich den Erwerb der Schrift samt dem Ablauf der Weltgeschichte von frühen Hochkulturen bis zum heutigen Tag.

Bereich B I ❺

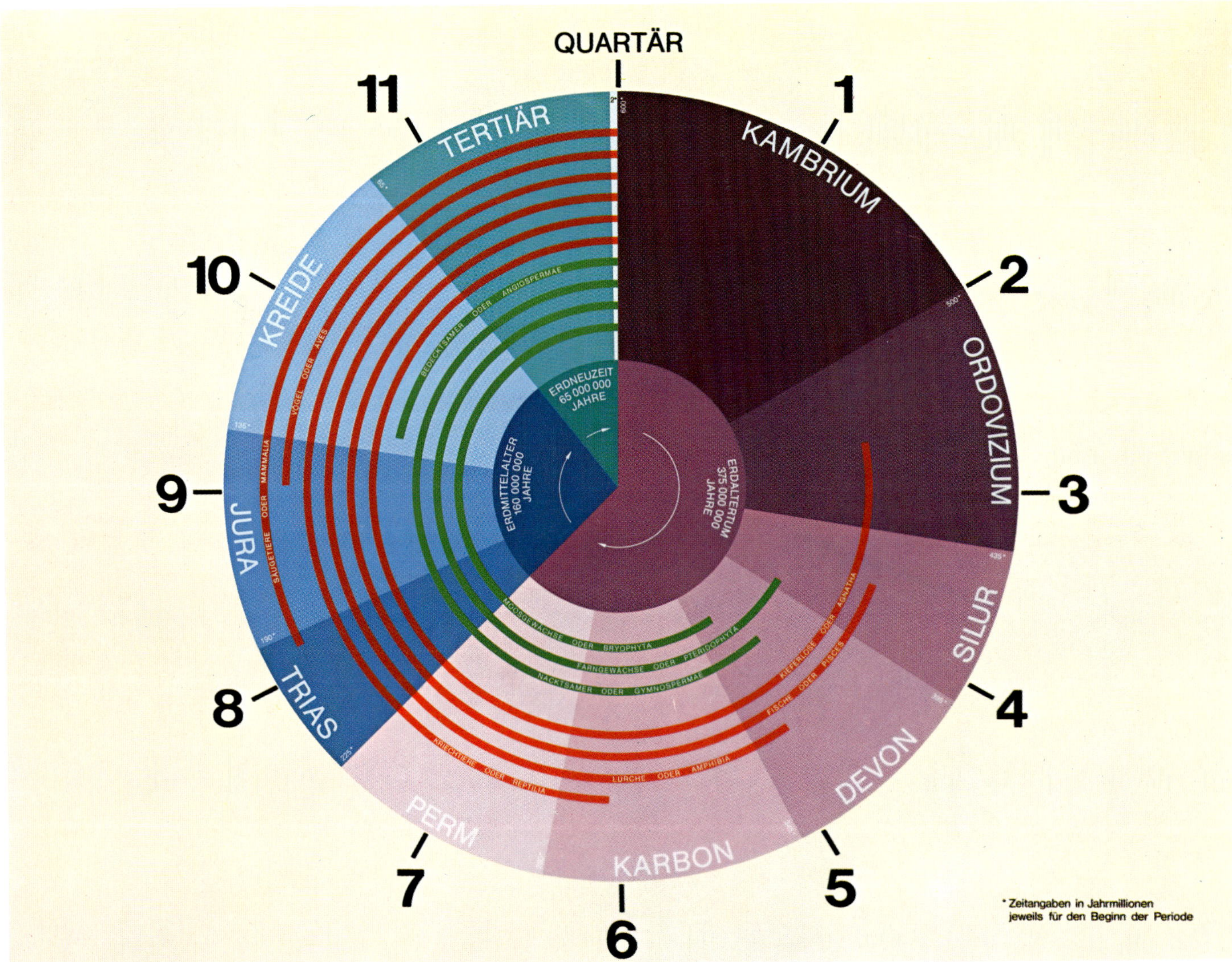

Bild 36. 600 Millionen Jahre im Überblick. Das Einsetzen neuer Gruppen von Sproßpflanzen und Wirbeltieren und ihr Ausdauern im Ablauf der stammesgeschichtlichen Entwicklung während der nahezu 600 Millionen Jahre des Phanerozoikums.

Sproßpflanzen = grün
Wirbeltiere = rot

Tabelle 2. Ablauf der Erdgeschichte seit Beginn des Erdaltertums.

Einheit	Dauer *	Beginn *
Quartär	2	2
Tertiär	63	65
Kreide	70	135
Jura	55	190
Trias	35	225
Perm	55	280
Karbon	65	345
Devon	50	395
Silur	40	435
Ordovizium	65	500
Kambrium	100	600

* Zeitangaben in Jahrmillionen

Tabelle 3. Zusammenraffen der Erdgeschichte auf zwölf Stunden.

Einheit	Dauer *	Beginn
Quartär	2	11.58 Uhr
Tertiär	76	10.42 Uhr
Kreide	84	9.18 Uhr
Jura	66	8.12 Uhr
Trias	42	7.30 Uhr
Perm	66	6.24 Uhr
Karbon	78	5.06 Uhr
Devon	60	4.06 Uhr
Silur	48	3.18 Uhr
Ordovizium	78	2.00 Uhr
Kambrium	120	0.00 Uhr

* Zeitangaben in Minuten

Tabelle 4. Zeitliches Vorkommen der Sproßpflanzen oder Kormophyten.

Sproßpflanzen	Einsetzen *	Ausdauern *
Moosgewächse oder Bryophyta	Devon	Quartär
Farngewächse oder Pteridophyta	Silur	Quartär
Nacktsamer oder Gymnospermae	Devon	Quartär
Bedecktsamer oder Angiospermae	Kreide	Quartär

* Zeitangaben des Vorkommens

Tabelle 5. Zeitliches Vorkommen der Wirbeltiere oder Vertebraten.

Wirbeltiere	Einsetzen *	Ausdauern *
Kieferlose oder Agnatha	Ordovizium	Quartär
Fische oder Pisces	Silur	Quartär
Lurche oder Amphibia	Devon	Quartär
Kriechtiere oder Reptilia	Karbon	Quartär
Vögel oder Aves	Jura	Quartär
Säugetiere oder Mammalia	Trias	Quartär

* Zeitangaben des Vorkommens

Das Eiszeitalter in Mitteleuropa – Übersicht der Gliederung

Der weltweit anwendbaren Großgliederung des Quartärs, des um die zwei Millionen Jahre umfassenden jüngsten Abschnitts der Erd- und Lebensgeschichte, wird die für Mitteleuropa gültige Grundgliederung dieser Periode nachgestellt. Die großen, das Eiszeitalter kennzeichnenden Kaltzeiten oder Glaziale, im alpinen wie im nordischen Vereisungsgebiet jeweils mit Namen von Flüssen in alphabetischer Ordnung von Mindel oder Elster über Riß oder Saale bis Würm oder Weichsel verbunden, sind besonders herausgehoben. Begrenzt und gegeneinander abgesetzt werden sie durch langwährende Warmzeiten, deren bislang letzter, dem postglazialen Holozän, die Interglaziale Eem und Holstein sowie eine ausgeprägte altdiluviale Waldzeit mosbachischen Alters vorangingen. Daß beachtliche, jedoch nicht zu Glazialen führende Klimaschwankungen auch dem frühen Quartär keineswegs fehlten, deuten die mit den Namen Günz, Donau und Biber belegten Zeiten innerhalb des Präglazials an, in dem das Villafranchium, als Ältestpleistozän gewertet, von längerer Dauer war als das gesamte nachfolgende, so wechselvolle diluviale und alluviale Geschehen.

Bild 37. Vom Eiszeitalter zur Gegenwart. Die Groß- und Grundgliederung des ungefähr zwei Millionen Jahre umspannenden Quartärs in Mitteleuropa mit Hinweisen auf die Zeitstellung wichtiger Fossilbelege des Urmenschen. ▶

Großgliederung		Grundgliederung		Urmenschen
Quartär	Holozän oder Alluvium	„Postglazial"		
	Jungpleistozän oder Jungdiluvium	Würm-Eiszeit oder Weichsel-Eiszeit		 Neandertaler
		Eem-Warmzeit		
	Mittelpleistozän oder Mitteldiluvium	Riß-Eiszeit oder Saale-Eiszeit		
		Holstein-Warmzeit		 Steinheimer
	Altpleistozän oder Altdiluvium	Mindel-Eiszeit oder Elster-Eiszeit		
		Mosbachium	„Präglazial": „Günz"	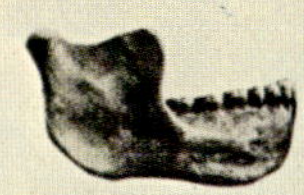 Heidelberger
	Ältestpleistozän	Villafranchium	„Präglazial": „Donau", „Biber"	

Warmzeiten = grün
Kaltzeiten = blau

Das Eiszeitalter in Mitteleuropa – Darstellung als Zeitspirale

Das Quartär als letzte Periode der Milliarden von Jahren umspannenden Erdgeschichte reicht von der geologischen Gegenwart, dem Alluvium oder Holozän, zurück bis an den Beginn des Pleistozäns. Von diesem wird nur der jüngere Teil – die letzten 600 000 Jahre – dargestellt, wobei jeder Umlauf der sich zur Gegenwart hin erweiternden Spirale einem Zeitraum von 100 000 Jahren entspricht. Gekennzeichnet wird das vielfach auch Diluvium genannte Geschehen als Eiszeitalter, untergegliedert aber durch den mehrfachen Wechsel von warmen und kalten Zeiten. Die zu ausgedehnten Vereisungen führenden Kaltzeiten wurden zunächst nach Flüssen des süddeutschen Alpenvorlandes benannt, das während der Eiszeiten weithin unter den aus dem Gebirge nach Norden vordringenden Gletschern begraben war; erst später entstanden dann die gleichfalls auf Flüsse gegründeten Begriffe für die nordischen Glaziale. Die Warmzeiten dagegen tragen ihre Namen teils nach Vorkommen und Ereignissen im niederländischen und norddeutschen Raum, teils nach den altbekannten Säugetier-Funden aus den Mosbacher Sanden bei Wiesbaden.

Bild 38. 600 000 Jahre im Überblick. Der Wechsel von Warm- und Kaltzeiten ▶ während der letzten 600 000 Jahre des Quartärs in Mitteleuropa mit Angaben über die Zeitstellung wichtiger Fossilbelege des Urmenschen.

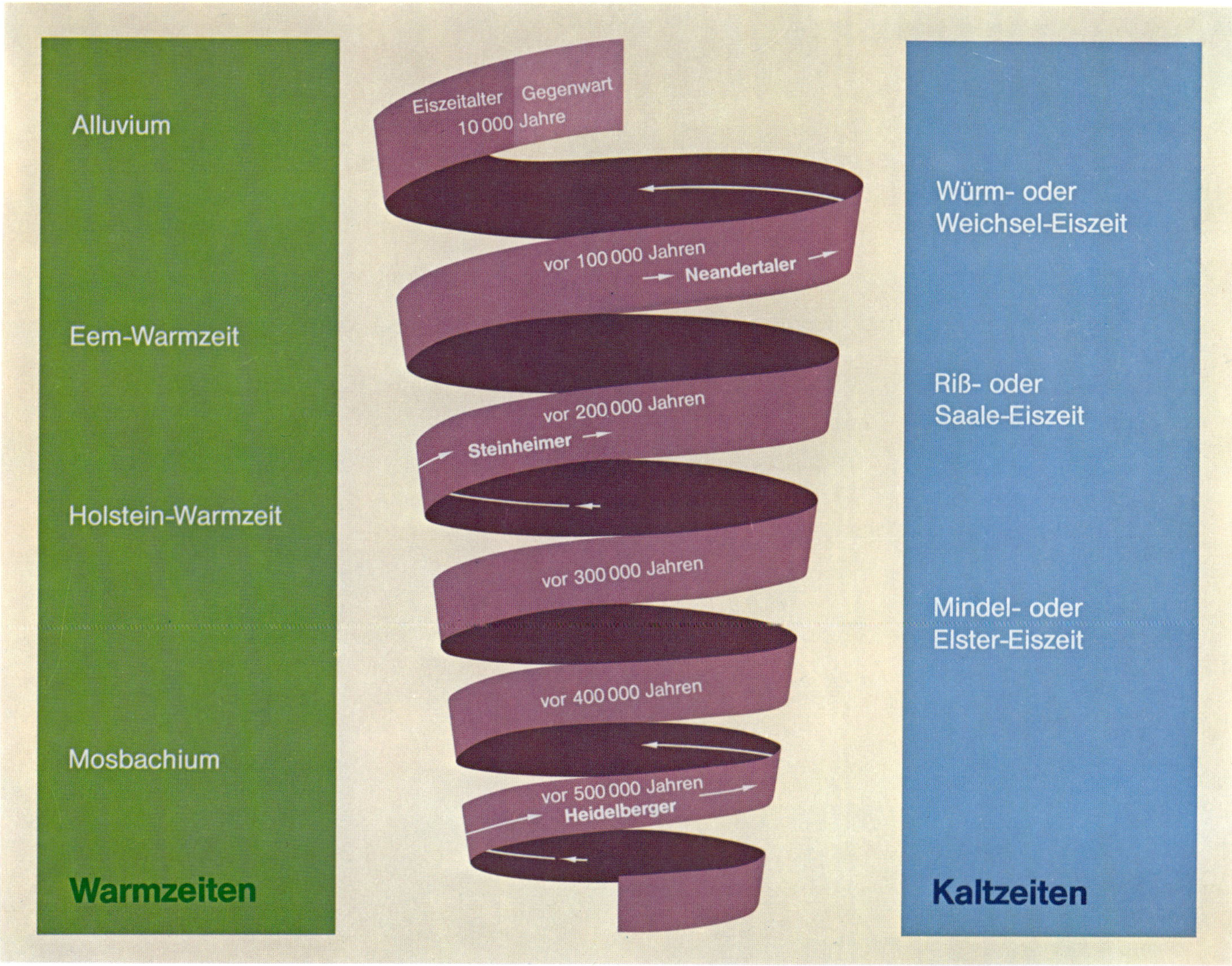

Warmzeiten = grün
Kaltzeiten = blau

Das eiszeitliche Klimageschehen – Warmzeiten und Kaltzeiten

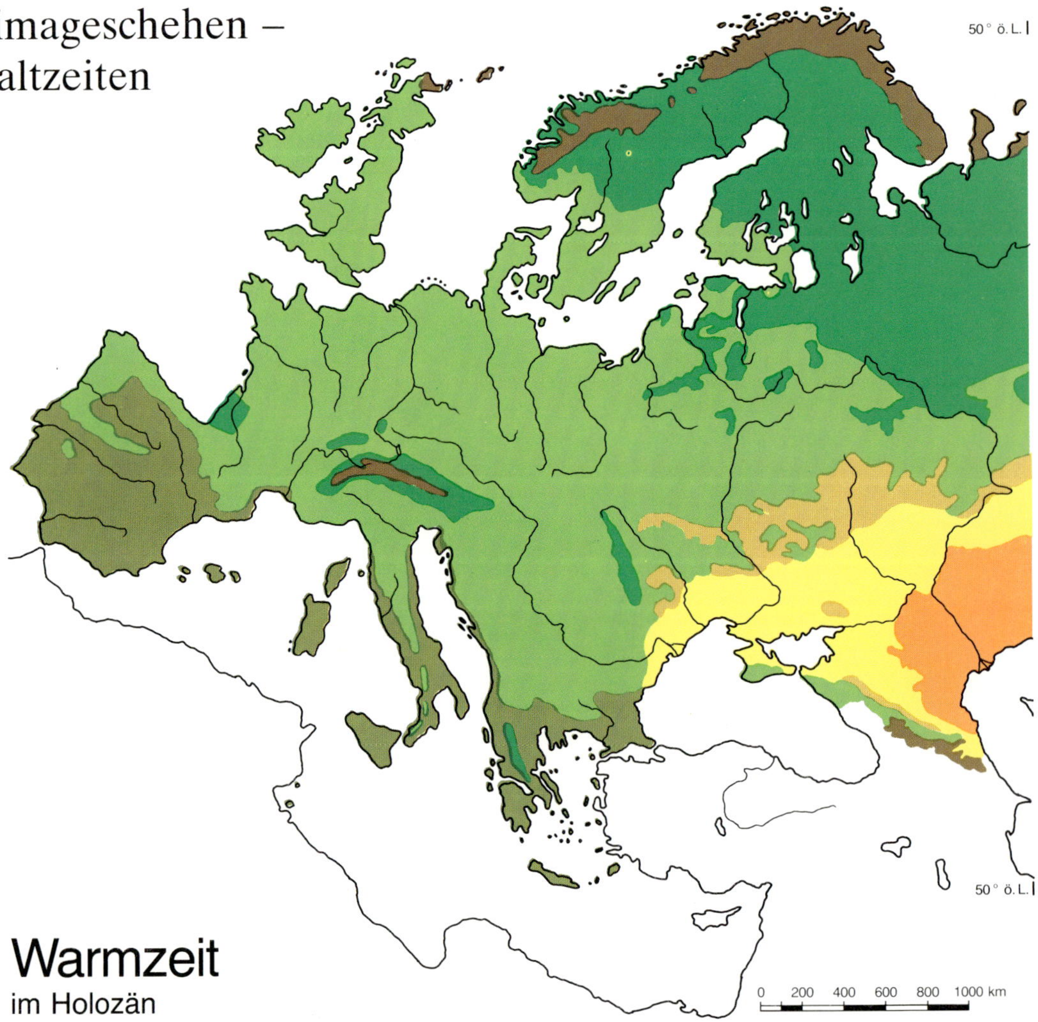

Bild 39. Über den Wandel in der Umwelt. Übersicht der Vegetationszonen einer Warmzeit und einer Kaltzeit am Beispiel der natürlichen Verhältnisse in der Gegenwart und derjenigen zur Zeit des Höchststandes der letzten Vereisung.

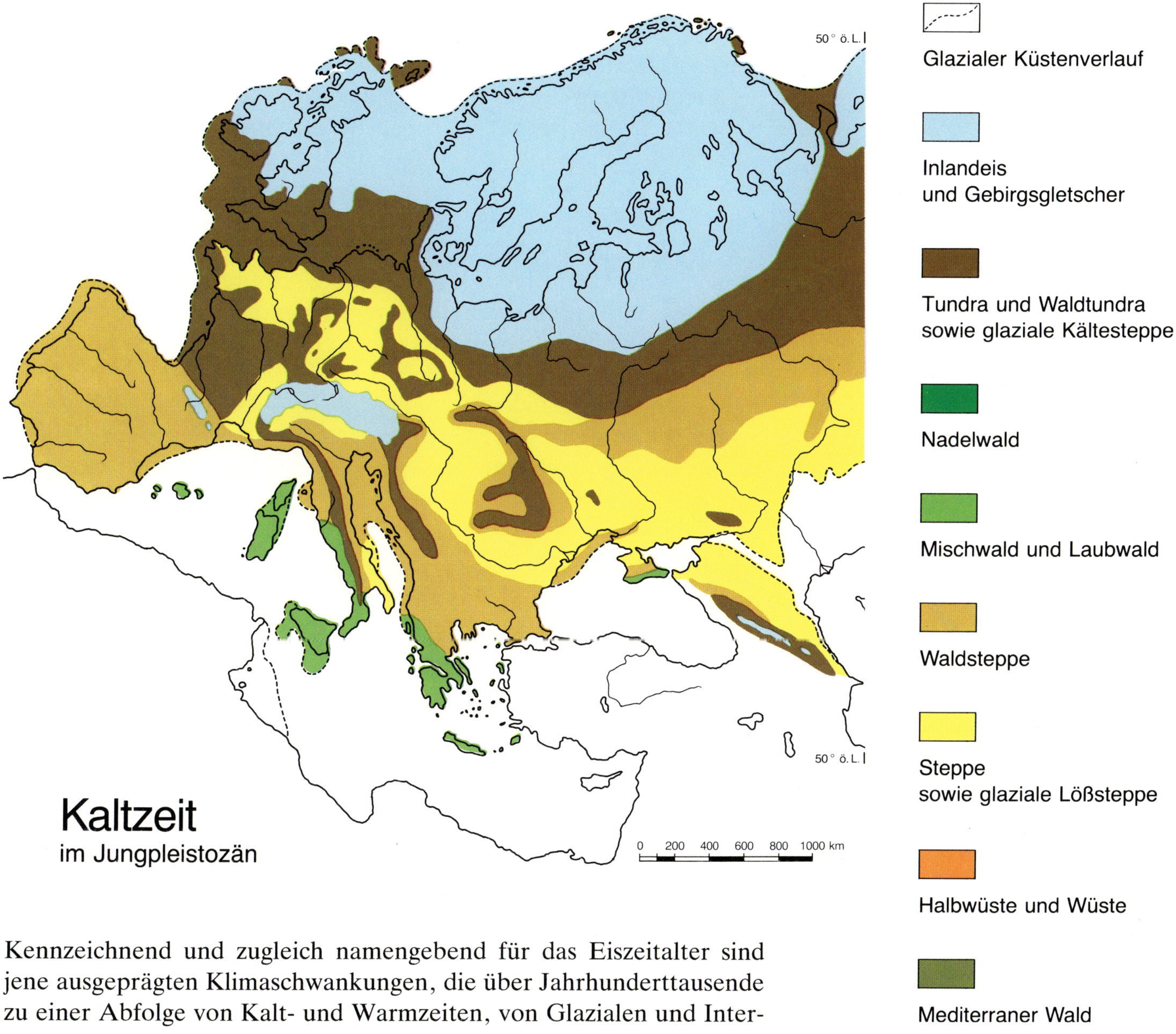

Kaltzeit
im Jungpleistozän

Kennzeichnend und zugleich namengebend für das Eiszeitalter sind jene ausgeprägten Klimaschwankungen, die über Jahrhunderttausende zu einer Abfolge von Kalt- und Warmzeiten, von Glazialen und Interglazialen, führten. Wiederholt kam es zu einem weiträumigen Vordringen und Zurückweichen gewaltiger Gletscher, einer starken Zu- und Abnahme des Inlandeises sowie – damit verbunden – zu einem beachtlichen Absinken und Ansteigen des Meeresspiegels, einem Trockenfallen und Überfluten von Küstenstrichen, einem Auftauchen und Untergehen von Inseln. Dem wechselvollen klimatischen Ablauf mit seinen vielerlei Folgen war auch die Flora und Fauna des Pleistozäns unterworfen; ihren angestammten Lebensbedürfnissen verhaftet, waren Pflanzen und Tiere gehalten, über weite Strecken zu wandern, sich den jeweiligen Verhältnissen einzufügen oder anzupassen, sich umzuwandeln oder aber zugrunde zu gehen. In dieses vielschichtige Geschehen einbeschlossen war zudem die leibliche Entwicklung und geistige Entfaltung des vorzeitlichen Menschen, der sich Generation auf Generation mit seiner Umwelt auseinandersetzen mußte und dabei mehr und mehr die Fähigkeit gewann, sein Leben nicht nur zu fristen, sondern auch zu meistern.

Das Ausmaß des im Pleistozän wiederholt feststellbaren Klimawechsels und Umweltwandels wird durch das Gegenüberstellen der Vegetationszonen einer Warmzeit und einer Kaltzeit besonders augenfällig. Im europäischen Raum herrschen in den Interglazialen wie auch in postglazialer Zeit Waldlandschaften vor; Steppen und Wüsten sind heutigentags auf den Südosten beschränkt und erstrecken sich vom Kaspischen Meer bis zum Mündungsgebiet der Donau am Schwarzen Meer; Tundren finden sich, von Schottland über Skandinavien ostwärts nach Sibirien ziehend, nur in begrenzten Vorkommen im Norden des Kontinents. Dagegen legt sich in den Glazialen, in den Eiszeiten, ein meist breiter Tundrengürtel vor den gewaltigen nördlichen Eisschild; südwärts schließen sich während des Höchststandes einer Vereisung ausgedehnte Steppen und Waldsteppen an; Wälder sind weit nach Süden abgedrängt und auf kleinere Gebiete in der Umrandung des Mittelmeers begrenzt.

Das eiszeitliche Klimageschehen – Zeit der größten Vereisung

Anfangs sprach man nur von einer quartären Eiszeit schlechthin, deren Name und Begriff der geniale badische Naturforscher Karl Friedrich Schimper bereits 1837 geprägt hatte; mit der Zeit jedoch wurde

Bild 40. Das Einengen des Lebensraumes. Das Sichvergrößern der vegetationslosen und vegetationsarmen Zonen und das sich daraus ergebende wesentliche Einengen der Ökumene auf der nördlichen Halbkugel während der größten Vereisung.

Kaltzeit
im Mittelpleistozän

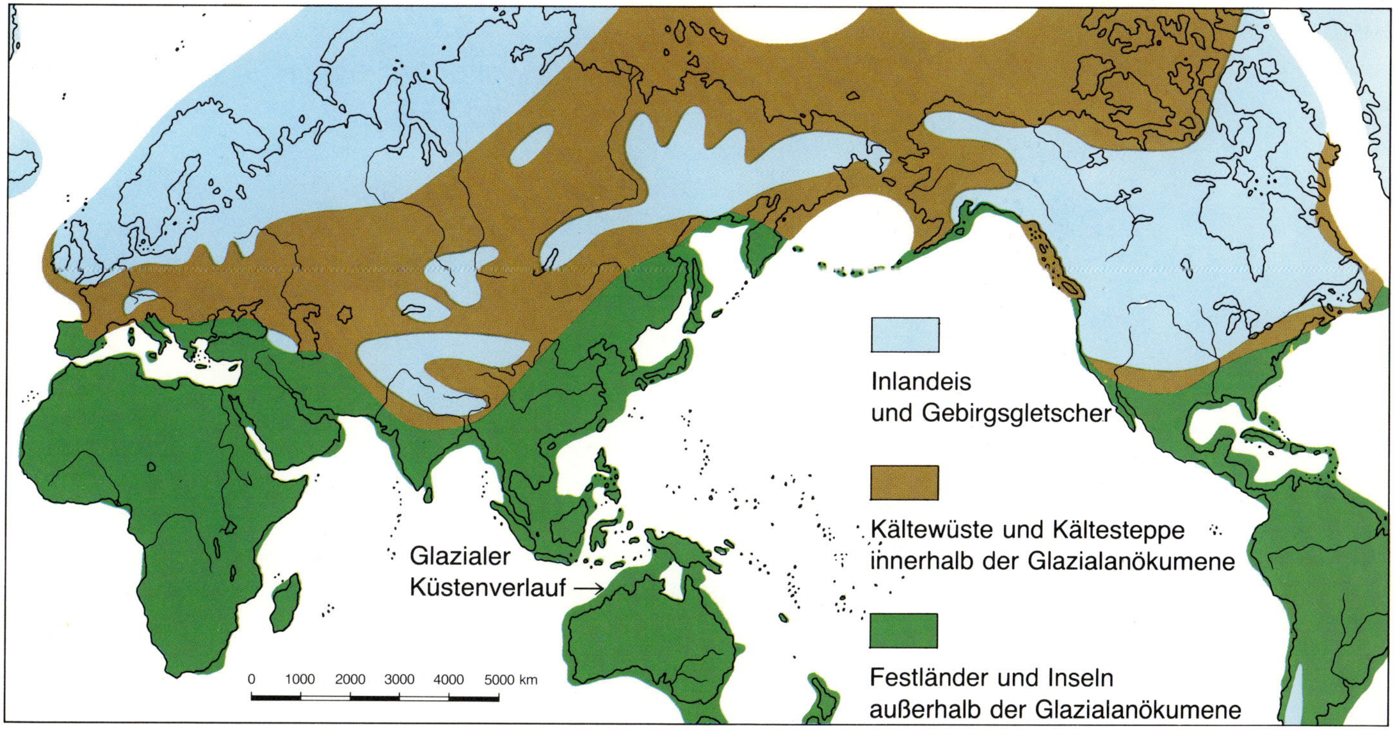

offenkundig, daß es mehrere Glaziale waren, die das Pleistozän als Eiszeitalter zu bezeichnen erlaubten. Zur wohl größten Ausdehnung des Inlandeises und der Gebirgsgletscher kam es während des vorletzten Glazials, das seit Albrecht Pencks bahnbrechenden und wegweisenden Forschungen als Riß-Eiszeit allgemein bekanntgeworden ist. Diesen ihren Namen erhielt sie nach den reichlich überkommenen Zeugnissen im heute von der Riß durchflossenen Gebiet des alpinen Rheingletschers, der damals weit ins oberschwäbische Land, örtlich sogar über die Donau hinweg, nordwärts vordrang. Seine einstige Umgrenzung ist dank der an der Stirn dieses langlebigen Gletschers abgelagerten Endmoränen noch immer hinlänglich erkennbar.

So eindrucksvoll die damalige Vergletscherung der Alpen und insbesondere auch die ihres nördlichen Vorlandes erscheinen mag, so bescheiden nimmt sie sich doch aus im Vergleich zu den von Inlandeis bedeckten Flächen Eurasiens und Nordamerikas zu jener Zeit. Die Menge des während des Riß-Glazials als Eis festgelegten, dem Kreislauf auf lange Zeit entzogenen und somit den Weltmeeren fehlenden Wassers wird ersichtlich in der Absenkung des Meeresspiegels um über hundert Meter: Große Teile der Schelfe tauchten auf, zahllose Inseln wuchsen mit dem Festland zusammen, und Asien verband sich über die trockengefallene Beringstraße mit Amerika. Derart wurde neuer Lebensraum geschaffen und Wanderwege wurden eröffnet; schwerer aber wog, daß auf der Nordhalbkugel durch die dem Eis vorgelagerten vegetationslosen und vegetationsarmen, lebensfeindlichen Gebiete die Ökumene, das begeh- und bewohnbare Land, gemessen an den Verhältnissen der vorangegangenen Warmzeit erheblich gemindert wurde. Von diesem Geschehen betroffene Menschen mußten sich folglich in südlichere Gegenden zurückziehen, und zwar entsprechend dem für den einzelnen unmerklichen, über ungezählte Generationen hinweg jedoch gewaltigen Ausweiten der klimabedingten Anökumene.

Erläuterung einiger Fachwörter – Zur Erd- und Lebensgeschichte

Einer Jahrmilliarden umspannenden Frühzeit der Erde folgt, vor an die 600 Millionen Jahren beginnend, das bis in die Gegenwart fortdauernde Weltalter reicher und rascher Entwicklung pflanzlichen wie tierischen Lebens. Gleich der Geschichte der abendländischen Kulturwelt wird es unterteilt in Altertum, Mittelalter und Neuzeit, und wie in der Historie verkürzen sich auch hier die Zeiten vom Paläozoikum mit seinen nahezu 375 Millionen Jahren über das nicht einmal halb so lange währende Mesozoikum bis hin zu dem nur 65 Millionen Jahre erreichenden Käno- oder Neozoikum. Dessen Glieder spiegeln in ihren Namen Tertiär und Quartär einen frühen Erkenntnisstand der Erdwissenschaften wider, stammen sie doch aus Zeiten, da man vermeinte, sich für all das ältere Geschehen mit einem Primär und Sekundär bescheiden zu können.

Die Namen der tertiären und quartären Abfolge vom Paläozän bis zum Pliozän und weiter bis zum Holozän gründen auf dem Wandel des Lebens während dieser Zeit, bezeichnen die Stufen des Übergangs vom Einst zum Jetzt. Dabei ist das Pleistozän samt dem Holozän zwar von vergleichsweise nur kurzer Dauer, jedoch als zeitlicher Rahmen der leiblichen Entwicklung und der geistigen Entfaltung des Menschengeschlechts von überragender Bedeutung. Es ist dies ein die letzten, wenigen Millionen Jahre Erdgeschichte kennzeichnendes Geschehen, das im Villafranchium faßbar wird, im Diluvium, dem Eiszeitalter im engeren Sinne, bis zum Werden des heutigen Menschen führt, der dann in den 10 000 Jahren des nacheiszeitlichen Alluviums die Herrschaft über die Welt zu gewinnen trachtet.

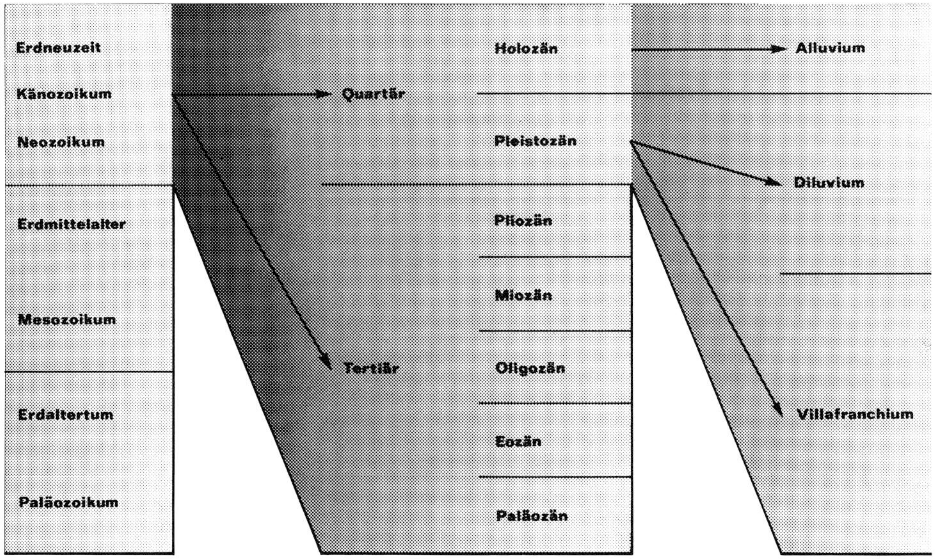

Bild 41. Fachwörter zur Erd- und Lebensgeschichte im Überblick.

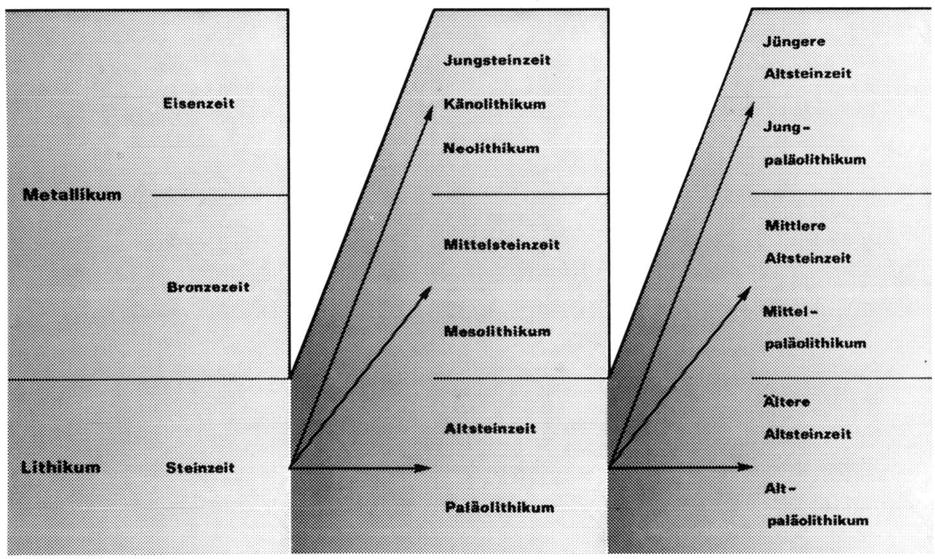

Bild 42. Fachwörter zur Ur- und Vorgeschichte im Überblick.

Erläuterung einiger Fachwörter – Zur Ur- und Vorgeschichte

Um das sich in den Sammlungen mehr und mehr anhäufende vorgeschichtliche Fundgut zeitlich ordnen und gliedern zu können, nutzte man bereits in den dreißiger Jahren des vorigen Jahrhunderts den sich abzeichnenden Wechsel im jeweils vorherrschenden oder aber den neu aufkommenden Werkstoff: Stein, Bronze und Eisen. Den beiden Metallzeiten, dem Metallikum, geht folglich das Lithikum voran, und dieses vermochte man schon wenige Jahrzehnte später auf Grund der so augenfällig unterschiedlichen Bearbeitung des über Jahrhunderttausende wieder und wieder verwendeten Werkstoffs in eine ältere Periode des geschlagenen Steins und in eine jüngere Periode des geschliffenen Steins aufzuteilen. Letztere umfaßt die durch das Aufkommen von Pflanzenanbau wie Tierhaltung, aber auch durch das Herstellen von Gefäßen aus gebranntem Ton gekennzeichnete Jungsteinzeit, das Käno- oder Neolithikum; erstere ist die des Paläo- und Mesolithikums, der Wildbeuterkulturen wie der nachfolgenden Jägerkulturen, welche hierzulande vor gut sechs Jahrtausenden ihr Ende fanden.

Im dreigeteilten Lithikum liegt die weit gewichtigere Grenze an der Wende von der Mittel- zur Jungsteinzeit, und Entsprechendes gilt auch für das gleichfalls dreigegliederte Paläolithikum, dessen ältere Abschnitte, da lediglich bedingt gegeneinander abgrenzbar, häufig zusammengefaßt und der nachfolgenden, erkennbar abgesetzten jüngeren Altsteinzeit gegenübergestellt werden. Deren herausragendes Ereignis bildet das Aufscheinen und Aufblühen der Kunst und daran gebunden das Bestreben und Vermögen des Menschen, sich selbst darzustellen.

Erläuterung einiger Fachwörter – Zum europäischen Pleistozän

Der erdgeschichtlichen Groß- und Grundgliederung liegt das so wechselvolle klimatische Geschehen im Pleistozän zugrunde, vor allem das wiederholte Vordringen und Zurückweichen der nordischen wie alpinen Gletscher, der mehrfache Wandel von Warm- zu Kalt- und Eiszeiten. Die Glaziale tragen die Namen von Flüssen im schwäbischen und bayerischen Alpenvorland oder aber von solchen im Einflußbereich des aus Skandinavien nach Norddeutschland vorstoßenden Inlandeises. Die Interglaziale dagegen sind benannt nach den durch weitgehendes Abschmelzen des Eises bedingten Meereshochständen, nach den Transgressionen der mittelpleistozänen Holstein-See und des jungpleistozänen Eem-Meeres. Das am Beginn des Diluviums stehende Mosbachium erhielt seinen Namen nach den reichen Säugetier-Funden aus damaligen Zeiten, welche bei dem längst in Biebrich und damit in Wiesbaden aufgegangenen Mosbach zutage kamen. Gleichfalls nach einem Ort, dem nahe bei Asti gelegenen Villafranca, wurde das vorangehende Villafranchium benannt; früher ins jüngste Tertiär gestellt, gehört es seit Ende der vierziger Jahre als älteste Stufe des Pleistozäns dem Quartär zu.

Die Urgeschichte bedarf außer und neben einer chronologischen auch einer phaseologischen Gliederung, und deshalb stehen den Zeiteinheiten des Paläolithikums die Entwicklungsphasen des Protolithikums und Miolithikums gegenüber. Ferner läßt die Kulturenfolge, gegründet auf dem Wandel in der Fertigung charakteristischer Steinwerkzeuge, eine weitergehende Aufteilung zu. Den frühen Kernsteingerätkulturen folgen im Altpleistozän die Faustkeilkulturen, unter denen das Acheuléen beispielhaft genannt sei; die protolithischen Abschlaggerätkulturen mit dem vom Neandertaler getragenen Moustérien werden abgelöst von den miolithischen Klingenkulturen – machtvoll einsetzend mit dem Aurignacien und hinführend zum Magdalénien am Ausklang des Jungpleistozäns.

Bild 43. Fachwörter und Übersicht zum europäischen Pleistozän.

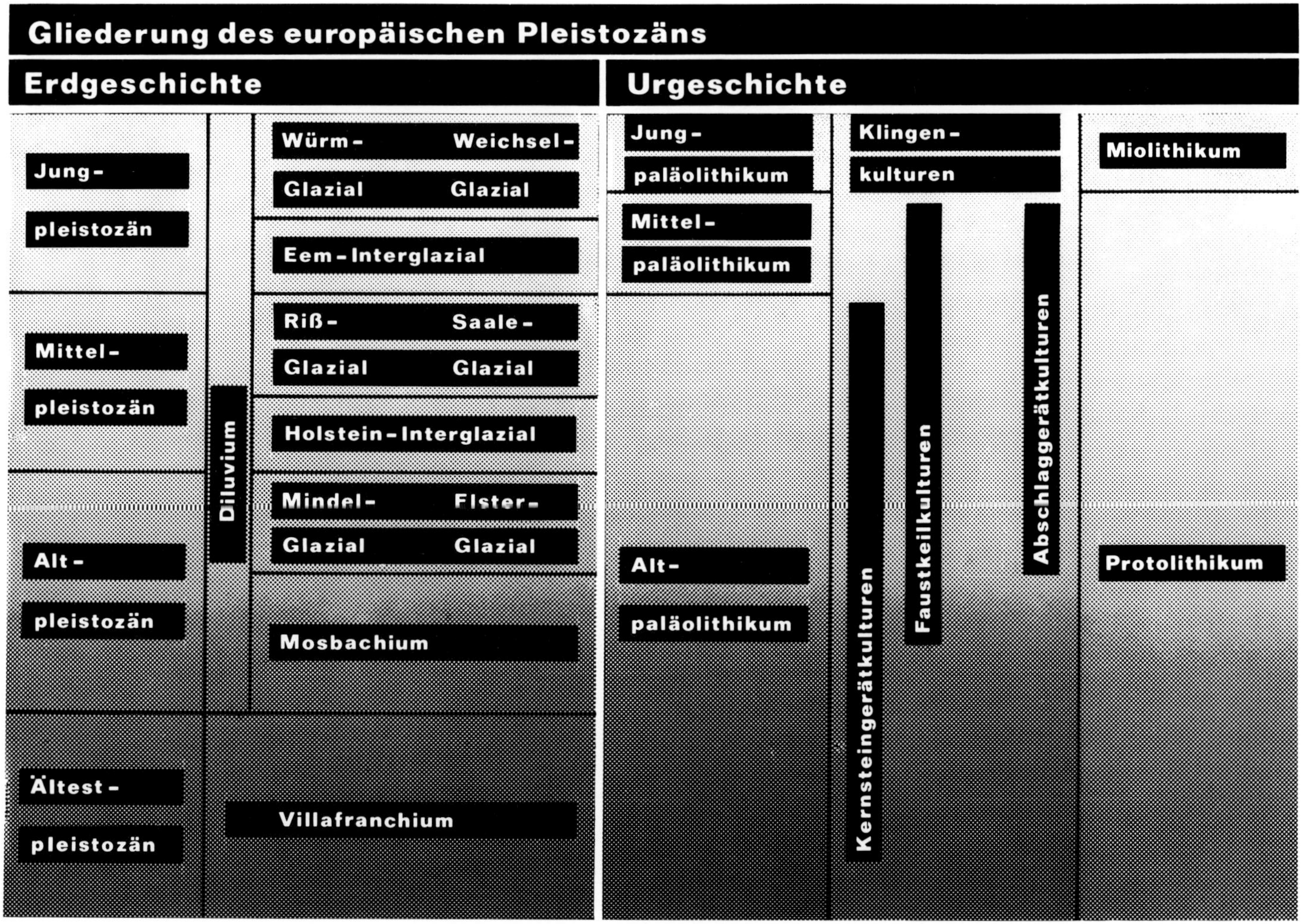

Erläuterung einiger Fachwörter – Zu den vorzeitlichen Hominiden

Die Gliederung der Hominiden in Unterfamilien und Gattungen benötigt allenfalls einiger weniger Hinweise, um gewisse sprachliche Ungereimtheiten der Namengebung verständlich werden zu lassen. So erinnert Pithecanthropus, zu deutsch Affenmensch, an jene Zeit vor an die hundert Jahren, da man ein solches Geschöpf als Übergang vom Affen zum Menschen, als Bindeglied und damit als Beweis seiner Herkunft wie Zukunft forderte. Daß die derart benannten Funde diese Forderung nicht zu erfüllen vermochten, vielmehr weit diesseits des Übergangsfeldes zwischen Tier und Mensch liegen, ist seit langem bekannt, doch der einst geprägte Name Pithecanthropus mußte gemäß den weltweit verbindlichen Regeln der zoologischen Namengebung beibehalten werden. Die nämlichen Regeln sind es auch, welche das Fortbestehen des Namens Australopithecus – ins Deutsche übertragen Südaffe – trotz seines falschen Sinngehalts erzwingen. Zwar vermeinte man beim Erstfund, einem bei Taung im Betschuanaland aufgesammelten kindlichen Schädel, zunächst ein Überwiegen äffischer Merkmale feststellen zu können, spätere Befunde wie weitere Belege verlangten jedoch ein Umdenken: Australopithecus wurde als früher Hominide erkannt und der Gruppe der Vormenschen zugeordnet, seinen äffischen Namen aber vermochte er nicht mehr abzulegen.

Hingewiesen sei noch auf die Beziehung zwischen Menschengruppen und Kulturformen, unter denen die protolithischen Wildbeuterkulturen des Urmenschen den miolithischen Jägerkulturen des Jetztmenschen gegenübergestellt werden. Letztere heben sich von ersteren ab durch eine merkliche Anhäufung, eine Akkumulation von Sachgütern und eine aus der Spezialisierung der vorliegenden Fundbestände erschließbare Differenzierung der ausgeübten Tätigkeiten; gemeinsam aber ist all diesen Jägern und Sammlern die Bescheidung auf eine rein aneignende – nicht erzeugende – Nahrungsbeschaffung.

Bild 44. Fachwörter und Übersicht zu den vorzeitlichen Hominiden.

Gliederung der pleistozänen Hominiden

Familie	Unterfamilie	Gattung	Menschengruppe	Kulturform
Hominidae	Homininae	Homo	Neumenschen Neanthropi	Jägerkulturen Miolithikum
			Altmenschen Palaeanthropi	Wildbeuterkulturen Protolithikum
		Pithecanthropus	Frühmenschen Archaeanthropi	
	Australopithecinae	Paranthropus	Vormenschen Praeanthropi	
		Australopithecus		

Bereich B II ❻

Die Erforschung des vorzeitlichen Menschen

Auf dem Weg der Erkenntnis – Funde aus Südwestdeutschlands Boden

Fossilien als Zeugen vergangener Zeiten – Von Riesen und Einhörnern

DISSERTATIO INAVGVRALIS PHYSICO-MEDICA
DE
EBORE FOSSILI SVEVICO HALENSI
QVAM
FAVENTE SVMMO NVMINE
IN ALMA REGIA FRIDERICIANA
PRÆSIDE
DN. FRIDERICO HOFFMANNO
ACADEMIÆ ET FACVLTATIS MEDICÆ SENIORE
PRO LICENTIA
SVMMOS IN ARTE MEDICA HONORES LEGITIME IMPETRANDI
D. 11. Jan. Anni MDCCXXXIV.
PVBLICE DEFENDET
AVCTOR
IOANNES FRIDERICVS BEYSCHLAG
HALA SVEVVS.

HALÆ MAGDEBVRGICÆ, Typ. Jo. Christian Hilligeri, Acad. Typogr.

Bild 45. Unter dem als Arzt vielgerühmten und hochgeschätzten Friedrich Hoffmann 1734 zu Halle vorgelegte Inauguraldissertation „De Ebore Fossili Suevico Halensi" mit dem Bild des Neunbronner Stoßzahns auf der Titelseite.

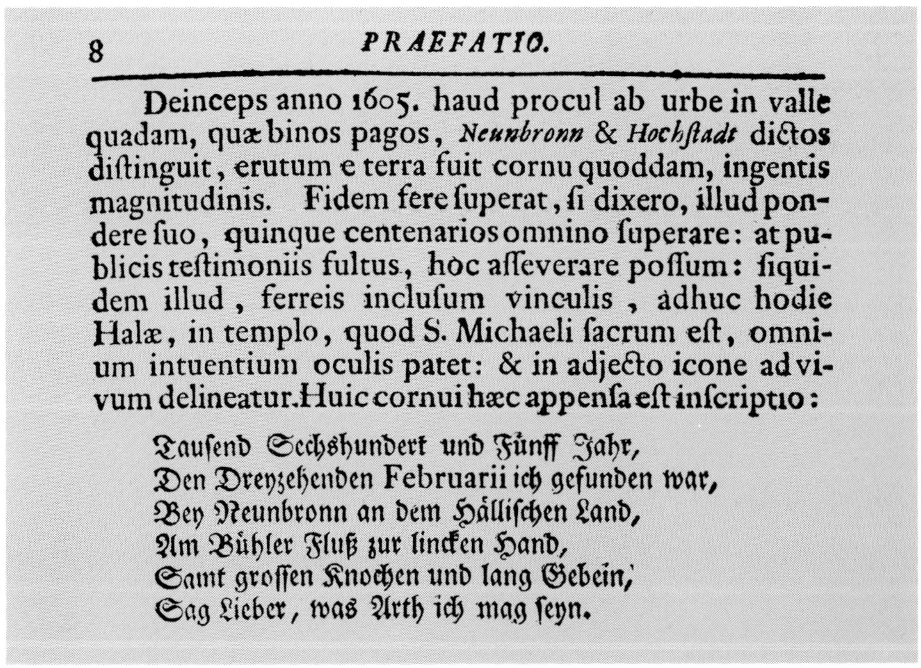
8 PRAEFATIO.

Deinceps anno 1605. haud procul ab urbe in valle quadam, quæ binos pagos, *Neunbronn* & *Hochstadt* dictos distinguit, erutum e terra fuit cornu quoddam, ingentis magnitudinis. Fidem fere superat, si dixero, illud pondere suo, quinque centenarios omnino superare: at publicis testimoniis fultus, hoc asseverare possum: siquidem illud, ferreis inclusum vinculis, adhuc hodie Halæ, in templo, quod S. Michaeli sacrum est, omnium intuentium oculis patet: & in adjecto icone ad vivum delineatur. Huic cornui hæc appensa est inscriptio:

Tausend Sechshundert und Fünff Jahr,
Den Dreyzehenden Februarii ich gefunden war,
Bey Neunbronn an dem Hällischen Land,
Am Bühler Fluß zur lincken Hand,
Samt grossen Knochen und lang Gebein,
Sag Lieber, was Arth ich mag seyn.

Bild 46. In Johann Friedrich Beyschlags Abhandlung von 1734 erstmals wiedergegebener gereimter Bericht zu den 1605 im Bühlertal bei Schwäbisch Hall zutage gekommenen Überresten vom Skelett eines Mammuts.

Bild 47. Stoßzahn des Neunbronner Mammut-Fundes vom Februar 1605 mit seiner durch zwei gegeneinander anstürmende Einhörner geschmückten kunstvollen Aufhängung im Chor von Sankt Michael zu Schwäbisch Hall.

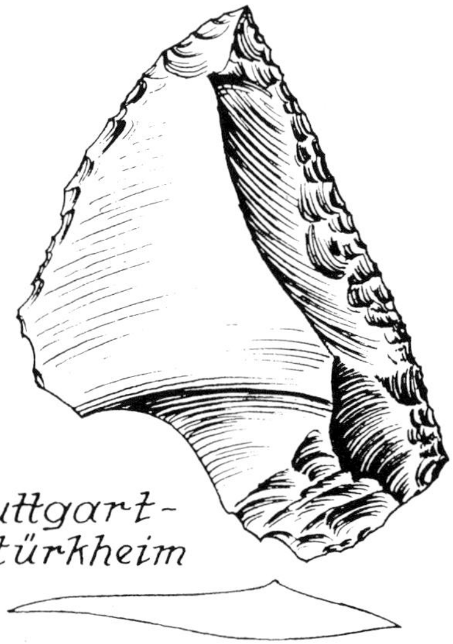

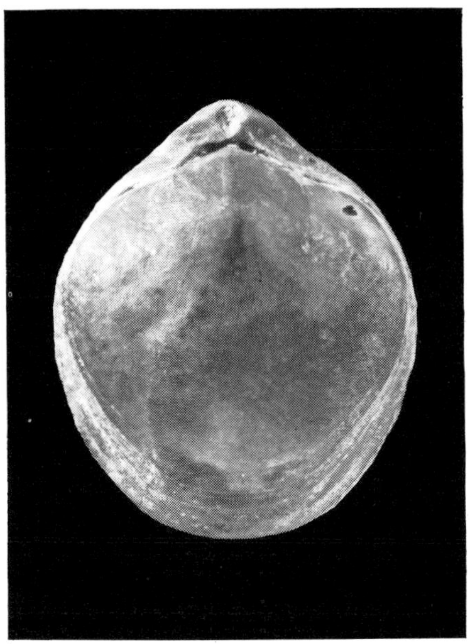

Reste einstigen Lebens, vom schützenden, umhüllenden Gestein freigegeben, fanden hierzulande schon sehr früh – in den Untertürkheimer Travertinen nachweislich bereits vor gut 100 000 Jahren – Beachtung, regten des Menschen Geist wieder und wieder an und gaben ungezählten Generationen, bis hin zum Einsetzen wissenschaftlichen Erkennens und Erforschens der Fossilien, Anlaß zu vielfältiger Deutung. Beispielhaft hierfür mag man die Gebeine eines Mammuts betrachten, die im Februar 1605 östlich von Schwäbisch Hall im Tal der Bühler bei Neunbronn aus eiszeitlichen Ablagerungen zutage kamen. Ob ihrer Größe ließen die Knochen wohl an solche von Riesen, vielleicht auch von Heiligen oder Engeln denken; in dem kräftigen Stoßzahn aber glaubte man – unbeschadet seiner starken Krümmung – offenbar ein ebenso seltenes wie gesuchtes Stirnhorn des sagenumwobenen Einhorns, ein Unicornu fossile, zu besitzen. Der gewiß nicht alltägliche Fund gab somit Grund genug, dem Stoßzahn im Chor von Sankt Michael zu Schwäbisch Hall eine Heimstatt zu gewähren und der kunstvoll geschmiedeten Aufhängung zwei gegeneinander anstürmende Einhörner mit mächtiger Stirnwehr als Hinweis auf seine Zuordnung einzufügen.

Bild 48. Vom Urmenschen gefertigtes Steinwerkzeug aus den fossilreichen und zudem artefaktführenden Eem-interglazialen Sauerwasserkalken oder Travertinen rechts des Neckars in Stuttgart-Untertürkheim.

Bild 49. Zweiklappige Schale einer fossilen Terebratel jurassischen Alters als Hinterlassenschaft eines frühen Petrefaktensammlers an dem während der letzten Warmzeit wiederholt begangenen Untertürkheimer Rastplatz.

Fossilien als Zeugen vergangener Zeiten – Überbleibsel aus der Sündflut

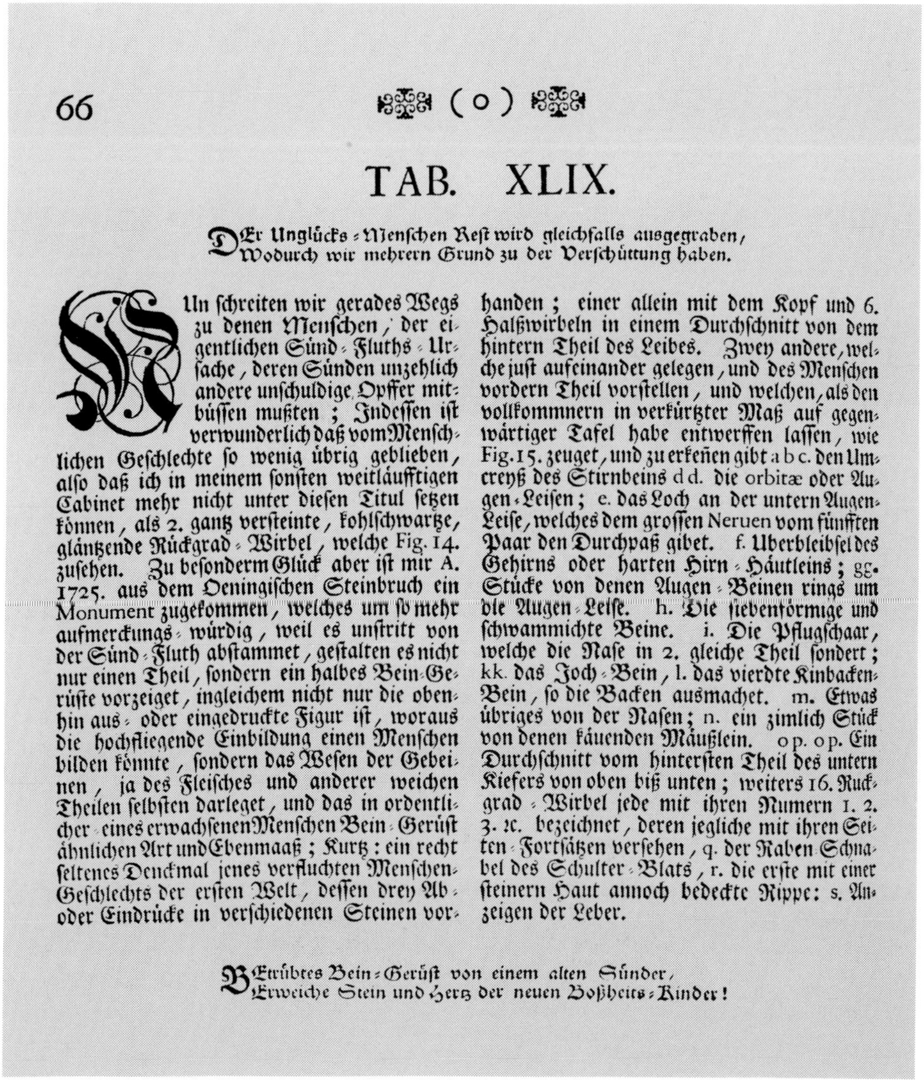

66 (o)

TAB. XLIX.

DEr Unglücks-Menschen Rest wird gleichfalls ausgegraben,
Wodurch wir mehrern Grund zu der Verschüttung haben.

NUn schreiten wir gerades Wegs zu denen Menschen, der eigentlichen Sünd-Fluths-Ursache, deren Sünden unzehlich andere unschuldige Opffer mitbüssen mußten; Indessen ist verwunderlich daß vom Menschlichen Geschlechte so wenig übrig geblieben, also daß ich in meinem sonsten weitläufftigen Cabinet mehr nicht unter diesen Titul setzen können, als 2. gantz versteinte, kohlschwartze, glänzende Rückgrad-Wirbel, welche Fig. 14. zusehen. Zu besonderm Glück aber ist mir A. 1725. aus dem Oeningischen Steinbruch ein Monument zugekommen, welches um so mehr aufmerckungs-würdig, weil es unstritt von der Sünd-Fluth abstammet, gestalten es nicht nur einen Theil, sondern ein halbes Bein-Gerüste vorzeiget, ingleichem nicht nur die obenhin aus- oder eingedruckte Figur ist, woraus die hochfliegende Einbildung einen Menschen bilden könnte, sondern das Wesen der Gebeinen, ja des Fleisches und anderer weichen Theilen selbsten darleget, und das in ordentlicher eines erwachsenen Menschen Bein-Gerüst ähnlichen Art und Ebenmaaß; Kurtz: ein recht seltenes Denckmal jenes verfluchten Menschen-Geschlechts der ersten Welt, dessen drey Ab- oder Eindrücke in verschiedenen Steinen vorhanden; einer allein mit dem Kopf und 6. Halßwirbeln in einem Durchschnitt von dem hintern Theil des Leibes. Zwey andere, welche just aufeinander gelegen, und des Menschen vordern Theil vorstellen, und welchen, als den vollkommnern in verkürtzter Maß auf gegenwärtiger Tafel habe entwerffen lassen, wie Fig. 15. zeuget, und zu erkeñen gibt a b c. den Umcreyß des Stirnbeins d d. die orbitæ oder Augen-Leisen; e. das Loch an der untern Augen-Leise, welches dem grossen Neruen vom fünfften Paar den Durchpaß gibet. f. Uberbleibsel des Gehirns oder harten Hirn-Häutleins; gg. Stücke von denen Augen-Beinen rings um die Augen-Leise. h. Die siebenförmige und schwammichte Beine. i. Die Pflugschaar, welche die Nase in 2. gleiche Theil sondert; kk. das Joch-Bein, l. das vierdte Kinbacken-Bein, so die Backen ausmachet. m. Etwas übriges von der Nasen; n. ein zimlich Stück von denen käuenden Mäußlein. o p. o p. Ein Durchschnitt vom hintersten Theil des untern Kiefers von oben biß unten; weiters 16. Ruckgrad-Wirbel jede mit ihren Numern 1. 2. 3. &c. bezeichnet, deren jegliche mit ihren Seiten-Fortsätzen versehen, q. der Raben-Schnabel des Schulter-Blats, r. die erste mit einer steinern Haut annoch bedeckte Rippe: s. Anzeigen der Leber.

BEtrübtes Bein-Gerüst von einem alten Sünder,
Erweiche Stein und Hertz der neuen Boßheits-Kinder!

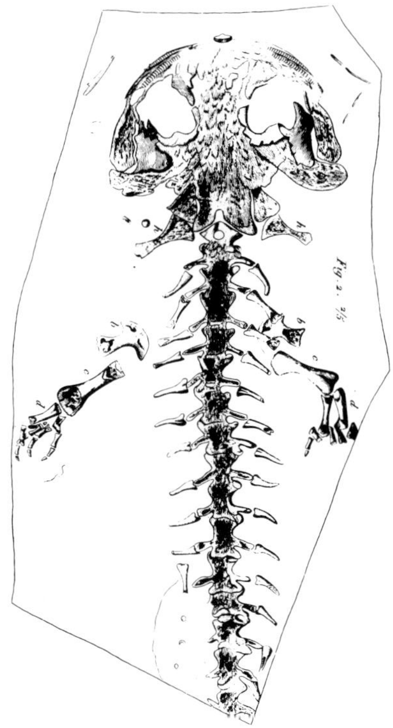

Bild 50. Bei Öhningen am Bodensee 1725 aufgedecktes und an Johann Jakob Scheuchzer gelangtes Skelett eines jungtertiären Riesensalamanders nach der Präparation von Georges Cuvier im Jahre 1811.

Bild 51. Beschreibung des vermeintlich menschlichen Gerippes in der deutschen Ausgabe von Johann Jakob Scheuchzers monumentaler „Physica sacra" mit den vom Übersetzer Johann Martin Miller beigefügten Reimen.

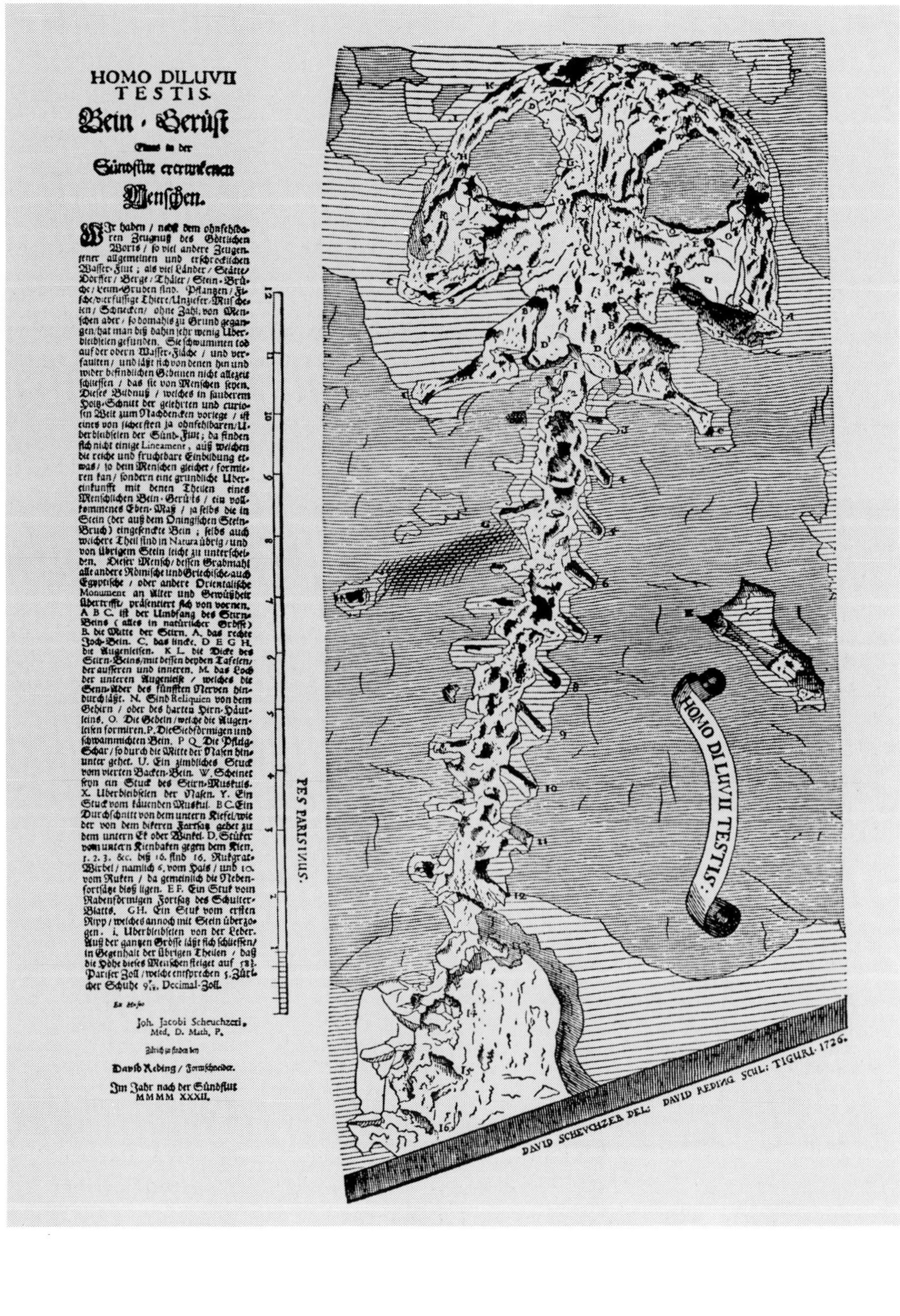

HOMO DILUVII TESTIS.

Bein-Gerüst
Eines in der
Sündflut ertrunckenen
Menschen.

Wir haben / nebst dem ohnfehlbaren Zeugnuß des Göttlichen Worts / so viel andere Zeugen jener allgemeinen und erschrecklichen Wasser-Flut; als viel Länder / Stätte / Dörffer / Berge / Thäler / Stein-Brüche / Leim-Gruben sind. Pflanzen / Fische / vierfüssige Thiere / Unziefer / Muschelen / Schnecken / ohne Zahl; von Menschen aber / so domahls zu Grund gegangen / hat man biß dahin sehr wenig Uberbleibselen gefunden. Sie schwummen tod auf der obern Wasser-Fläche / und verfaulten / und läßt sich von denen hin und wider befindlichen Gebeinen nicht allezeit schliessen / das sie von Menschen seyen. Dieses Bildnuß / welches in sauberem Holtz-Schnitt der gelehrten und curiosen Welt zum Nachdencken vorlege / ist eines von sichersten ja ohnfehlbaren Uberbleibselen der Sünd-Flut; da finden sich nicht einige Lineament, auß welchen die reiche und fruchtbare Einbildung etwas / so dem Menschen gleichet / formieren kan / sondern eine gründliche Ubereinkunfft mit denen Theilen eines Menschlichen Bein-Gerüsts / ein vollkommenes Eben-Maß / ja selbs die in Stein (der auß dem Oningischen Stein-Bruch) eingesenckte Bein; selbs auch weichere Theil sind in Natura übrig / und von übrigem Stein leicht zu unterscheiden. Dieser Mensch / dessen Grabmahl alle andere Römische und Griechische / auch Egyptische / oder andere Orientalische Monument an Alter und Gewüßheit übertrifft / präsentiert sich von vornen. A B C. ist der Umbfang des Stirn-Beins (alles in natürlicher Grösse) B. die Mitte der Stirn. A. das rechte Joch-Bein. C. das lincke. D E G H. die Augenleisen. K L. die Dicke des Stirn-Beins / mit dessen beyden Tafelen / der äusseren und inneren. M. das Loch der unteren Augenleise / welches die Senn-Ader des fünfften Nerven hindurch läßt. N. Sind Reliquien von dem Gehirn / oder des harten Hirn-Häutleins. O. Die Gebein / welche die Augenleisen formiren. P. Die Siebförmigen und schwammichten Bein. P Q. Die Pflug-Schar / so durch die Mitte der Nasen hinunter gehet. U. Ein zimbliches Stuck vom vierten Backen-Bein. W. Scheinet seyn ein Stuck des Stirn-Muskuls. X. Uberbleibselen der Nasen. Y. Ein Stuck vom käuenden Muskul. B C. Ein Durchschnitt von dem untern Kiefel / wie der von dem dikeren Fortsaz gehet zu dem untern Ek oder Winkel. D. Stüker vom untern Kienbaken gegen dem Kien. 1. 2. 3. &c. biß 16. sind 16. Rukgrat-Wirbel / namlich 6. vom Hals / und 10. vom Ruken / da gemeinlich die Neben-fortsäze bloß ligen. E F. Ein Stuk vom Rabenförmigen Fortsaz des Schulter-Blatts. G H. Ein Stuk vom ersten Ripp / welches annoch mit Stein überzogen. i. Uberbleibselen von der Leber. Auß der ganzen Grösse läßt sich schliessen / in Gegenhalt der übrigen Theilen / daß die Höhe dieses Menschen steiget auf 58½. Pariser Zoll / welche entsprechen 5. Zürcher Schuhe 9 7/10. Decimal-Zoll.

Ex Museo

Joh. Jacobi Scheuchzeri,
Med. D. Math. P.

Zürich zu finden bey

David Reding / Formschneider.

Im Jahr nach der Sündflut
MMMM XXXII.

Bild 52. Bekanntgabe des Öhninger Fundes von 1725 in Wort und Bild als „Homo diluvii testis" durch ein im Jahr darauf gedrucktes Flugblatt des gelehrten Züricher Professors Johann Jakob Scheuchzer.

Wie weit man zu Beginn des 18. Jahrhunderts noch von einem Erkennen der Fossilien als Belege vorzeitlichen Lebens entfernt war, dafür sind die vielgenannten Würzburger Bild- oder Lügensteine ein besonders eindrückliches Beispiel. Gemessen an den gelehrten, doch nutzlosen Versuchen des fürstbischöflichen Leibarztes Johann Bartholomaeus Adam Beringer, diese in seinem 1726 erschienenen Werk als steingewordene Urkunden auszudeuten, könnte man in der von Johann Jakob Scheuchzer im selbigen Jahr gegebenen Interpretation eines jungtertiären Riesensalamanders geradezu einen Ansatz fortschrittlichen Denkens erblicken; denn der 1725 bei Öhningen am Bodensee aufgedeckte Fund wird immerhin als ein im Gestein überliefertes Skelett angesprochen. Allerdings vermeinte der als Naturforscher wie als Arzt gleichermaßen geschätzte Züricher Gelehrte, in diesem fossilen Gerippe die sterblichen Überreste eines während der biblischen Sündflut ertrunkenen sündhaften Menschen erkennen zu dürfen, und zwar – wie er in erschreckender Unkenntnis der menschlichen Anatomie im einzelnen erläutert – bis hin zu den Knochen des Schädels, den Wirbeln des Halses und der Brust oder etlichen Resten von Gehirn und Leber.

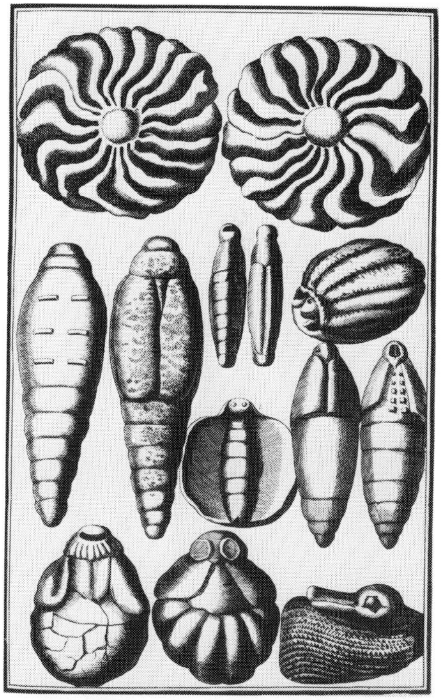

Bild 53. Würzburger Lügensteine auf einer der Tafeln zu der als Inauguraldissertation Georg Ludwig Huebers 1726 erschienenen Abhandlung des fürstbischöflichen Leibarztes Johann Bartholomaeus Adam Beringer.

Bild 54. Einer der dem Würzburger Professor Johann Bartholomaeus Adam Beringer von neidvollen und rachsüchtigen Kollegen zugespielten und von ihm zur Abbildung ausgewählten Ikonolithen oder Bildsteine.

Bild 55. Herzog Eberhard Ludwig von Württemberg (1676–1733) nach einem zeitgenössischen Stich von Ferdinand Stenglin. Im April 1700 Beginn einer von ihm anbefohlenen Grabung auf fossile Knochen und Zähne auf dem Felde nahe der Cannstatter Uffkirche nördlich der nach Waiblingen führenden Straße.

Auf der Fährte des Vorzeitmenschen – Die „Fossilia Canstadiensia"

Eine erste umfängliche Grabung auf eiszeitliche Säugetiere, ausgelöst durch einen zufälligen Fund auf dem Felde nahe der Cannstatter Uffkirche, wurde im April 1700 von Herzog Eberhard Ludwig anbefohlen und der reichen Ausbeute an Fossilien wegen bis ins folgende Jahr fortgeführt. Allein an Stoßzähnen des Mammuts kamen ungefähr 60 Stück zutage, welche, als Unicornu fossile gedeutet, größtenteils der Hofapotheke in Stuttgart übergeben und dort als hochgeschätzte Arznei für teures Geld verkauft wurden. Die zahlreichen mitergrabenen sonstigen Zähne und Knochen samt einem menschlichen Schädeldach waren zwar nicht gleichermaßen gewinnbringend zu nutzen, immerhin aber wertvoll genug, um in der Herzoglichen Kunstkammer Aufnahme zu finden und so zu einem gut Teil bewahrt zu bleiben als über Jahrhunderte verkannte Zeugen eines einstigen Rastplatzes erfolgreicher Mammut-Jäger der jüngeren Altsteinzeit.

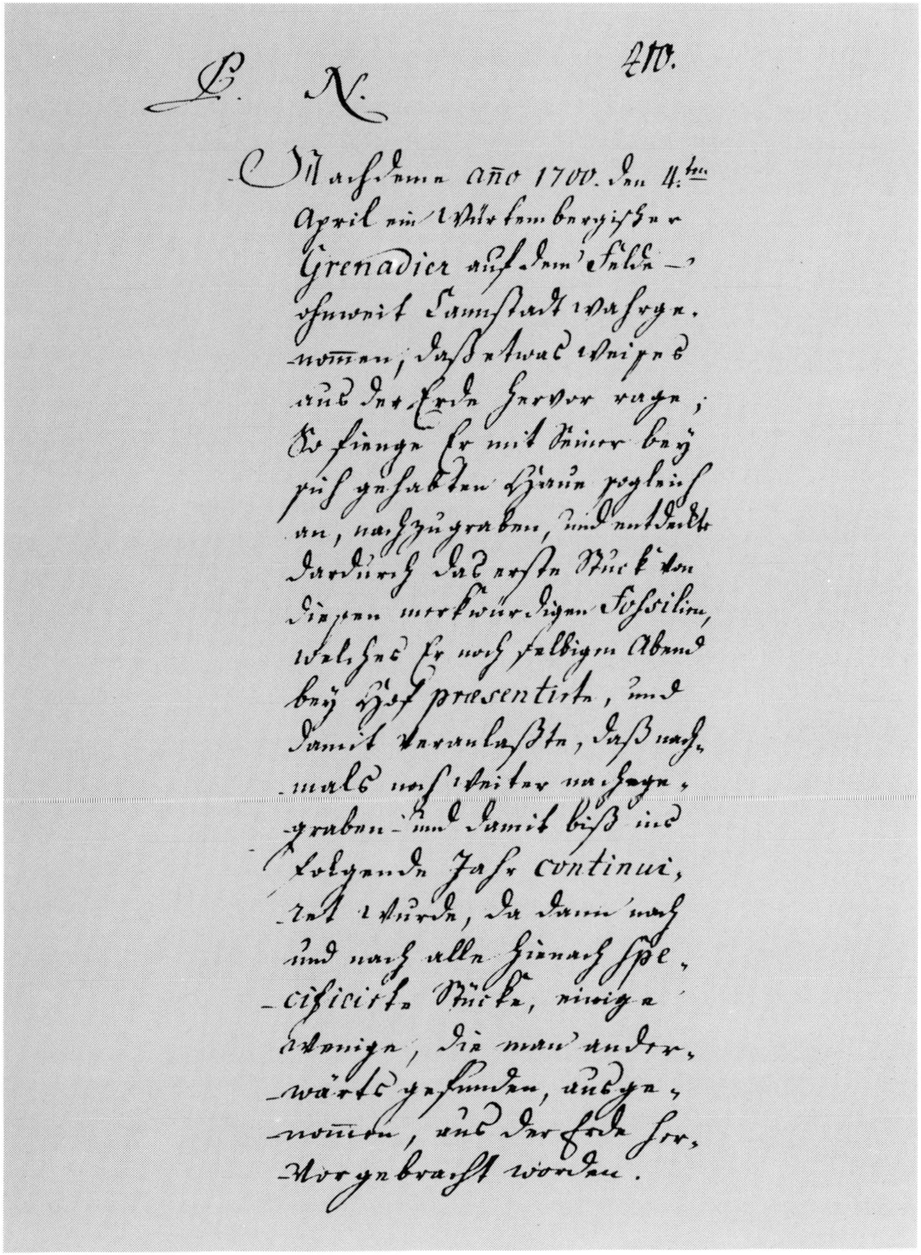

P. N. 410.

Nachdeme año 1700. den 4ten April ein Würtembergischer Grenadier auf dem Feld unweit Cannstadt wahrgenommen, daß etwas weniges aus der Erden herfür rage; So fienge Er mit seiner bey sich gehabten Haue sogleich an, nachzugraben, und entdeckte dadurch das erste Stück von diesen merkwürdigen Fossilien, welches Er noch selbigen Abend bey Hof presentirte, und damit veranlaßte, daß nachmals noch weiter nachgegraben, und damit biß ins folgende Jahr continuiret wurde, da dann nach und nach allerhand specificirte Stücke, einige wenige, die man anderwärts gefunden, ausgenommen, aus der Erde hervorgebracht worden.

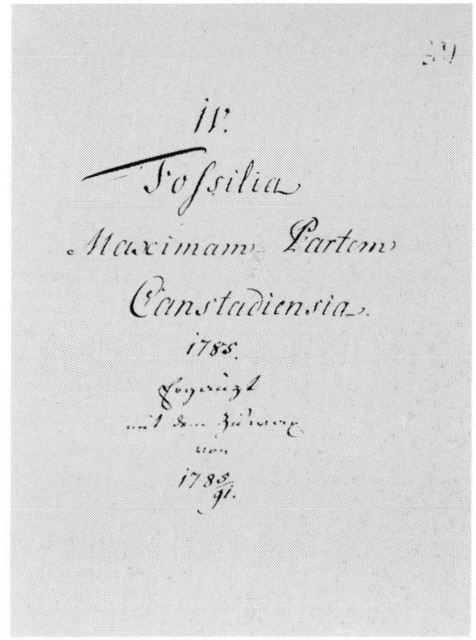

IV.

Fossilia
Maximam Partem
Canstadiensia.
1785.

1785.
91.

Bild 56. Inventarium der mit den Beständen der Herzoglichen Kunstkammer 1783 vom Herrenhaus auf dem Markt in die Akademie überführten und der Hohen Carls-Schule in Stuttgart nutzbar gemachten ,,Fossilia Canstadiensia".

Bild 57. Fundbericht über die von 1700 bis 1701 unweit der Cannstatter Uffkirche ergrabenen ,,Fossilia Canstadiensia" in einem 1785 von dem Antiquarius Johann Fridrich Vischer erstellten und bis 1791 fortgeführten Inventarium.

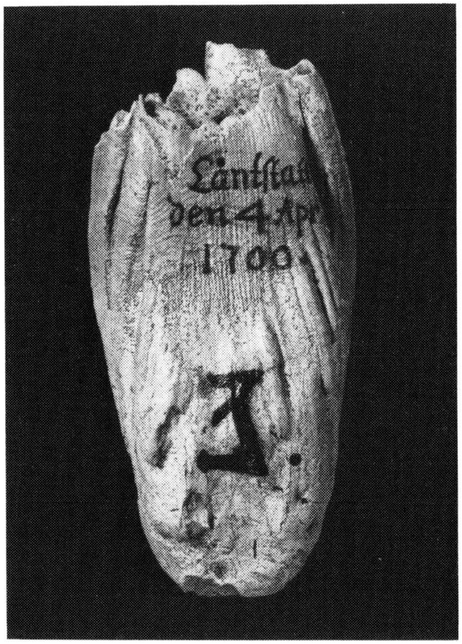

Bild 58. Fragment eines Mammut-Backenzahns von der Cannstatter Grabung des Jahres 1700 mit alter Beschriftung „Cantstatt / den 4 Apr. / 1700. / 3.“.

Bild 59. Halswirbel eines Mammuts aus der Cannstatter Aufsammlung des Jahres 1700 mit alter Beschriftung „(C)antstatt / (de)n 3 Julii / 1700. / 5.“.

Auf der Fährte des Vorzeitmenschen – Das Stoßzahnlager vom Seelberg

Generationen später, im Herbst 1816, sollte ein weiteres Mal auf landesherrliches Geheiß gegraben werden, und zwar in der Lehmgrube am Cannstatter Seelberg. Dort war ein Haufwerk von zwölf Mammut-Stoßzähnen aufgedeckt worden, das König Friedrich die Frage stellen ließ, ob nicht dieses uralte Elfenbeinlager das Wirken des Menschen weit vor aller Geschichte sichtbar, ja erweisbar mache. Solch wahrhaft königlichen Gedanken waren jedoch die eilends herbeigerufenen Gelehrten nicht zugänglich und sie weiterzuverfolgen unterblieb, da sich der Herrscher am Fundort, Regen und Frost mißachtend, die tödliche Erkrankung zuzog, der er nach wenigen Tagen schon erlag. So blieb denn der greifbar gewordene Hinweis auf einst hier am Rande des Neckartals lagernde Mammut-Jäger ungenutzt, und am Cannstatter Seelberg zog der Ruhm vorüber, Stätte erstmaligen Erkennens des vorzeitlichen Menschen geworden zu sein.

Bild 60. König Friedrich von Württemberg (1754–1816) nach einem zeitgenossischen Stich von Gottlieb Rist. Erahnen der urgeschichtlichen Bedeutung des auf sein Geheiß aufgedeckten und gehobenen Haufwerks von einem Dutzend Stoßzähnen in der Leimengrube am Cannstatter Seelberg im Oktober 1816.

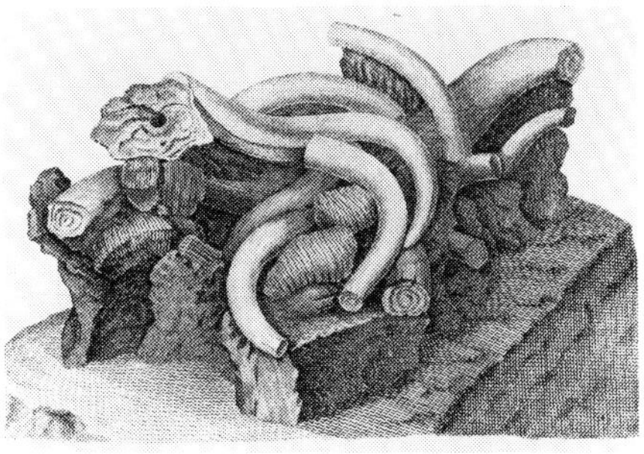

Bild 61. Von Johann Daniel Georg Memminger 1818 veröffentlichte erste bildliche Wiedergabe des seiner Aufmerksamkeit zu verdankenden Fundes einer Anhäufung von zwölf Mammut-Stoßzähnen im Lößlehm des Cannstatter Seelbergs.

Bild 62. Das 1816 auf Befehl König Friedrichs in der Lehmgrube am Seelberg freigelegte und von ihm als menschliches Zeugnis aus frühester Zeit erachtete Elfenbeinlager nach einer von Oskar Fraas bekanntgemachten Zeichnung.

Bild 63. Fragment eines Mammut-Backenzahns von der Cannstatter Grabung des Jahres 1816 mit fossiler Knochenkohle als Hinweis auf eine Feuerstelle.

Bild 64. Unterkiefer zweier Wildpferde aus der Cannstatter Aufsammlung des Jahres 1816 mit fossiler Knochenkohle als Hinweis auf eine Feuerstelle.

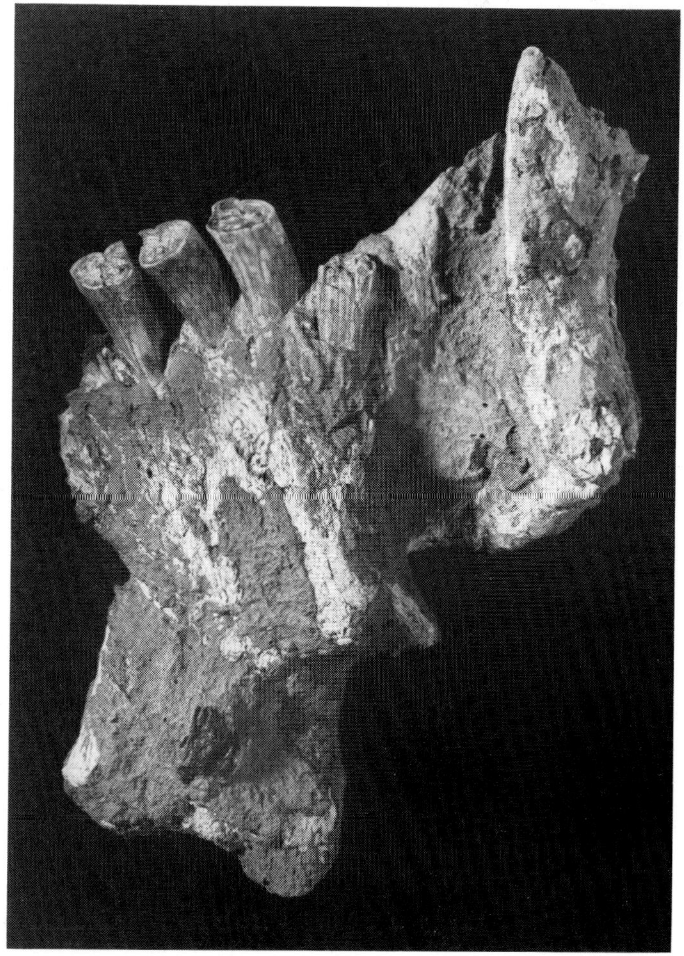

Bild 65. Dr. Georg Friedrich Jäger (1785–1866), von 1817 an über Jahrzehnte Betreuer der naturgeschichtlichen Sammlungen des Königlichen Naturalienkabinetts zu Stuttgart.

Auf der Fährte des Vorzeitmenschen – Von der „race de Canstadt"

In einer 1818 erschienenen Abhandlung Carl Christoph Friedrich Jägers findet sich zwar ein Hinweis auf menschliche Schädelknochen unter der Grabungsausbeute von 1700, aber erst Georg Friedrich Jäger, sein Bruder und Nachfolger am Königlichen Naturalienkabinett zu Stuttgart, gab 1839 das Cannstatter Schädeldach in Wort und Bild bekannt. Jahrzehnte später sollte dann dieser Beleg beachtliches Aufsehen erregen, als Armand de Quatrefages und Ernest Théodore Hamy in dem 1882 abgeschlossenen, „Crania Ethnica" betitelten Tafelwerk nach ihm die erste Rasse des fossilen Menschen benannten – eine Rasse, der auch der Neandertaler zugezählt und der jene von Cro-Magnon als zweite nachgestellt wurde. Der Cannstatter Fund aus dem Jahre 1700 war damit zum Typus des Urmenschen erhoben, doch dem wurde von vielen widersprochen, bisweilen mehr vom Gefühl getrieben als vom Verstand geleitet. Solch eine Ablehnung bestand nur insofern zu Recht, als man sich mit der von Gustav Schwalbe 1906 in den „Studien zur Vorgeschichte des Menschen" begründeten Feststellung begnügte, der Cannstatter habe als Homo sapiens, als Jetztmensch, nichts mit dem zu den Urmenschen gehörenden Neandertaler gemein, zu Unrecht jedoch, wenn man dem Schädeldach sein eiszeitliches Alter und folglich jeglichen Wert abzusprechen versuchte.

Bild 66. Der von Armand de Quatrefages und Ernest Théodore Hamy als Beleg der „race de Canstadt" erwählte und in die früheste Zeit des menschlichen Geschlechts verwiesene fragmentarische Schädelfund von der Grabung des Jahres 1700. ▶

Bild 67. Das von Carl Christoph Friedrich Jäger unter den Cannstatter Aufsammlungen als menschlich erkannte und 1839 von seinem Bruder Georg Friedrich Jäger erstmals abgebildete Schädeldach vor der Vernichtung im Zweiten Weltkrieg. ▶

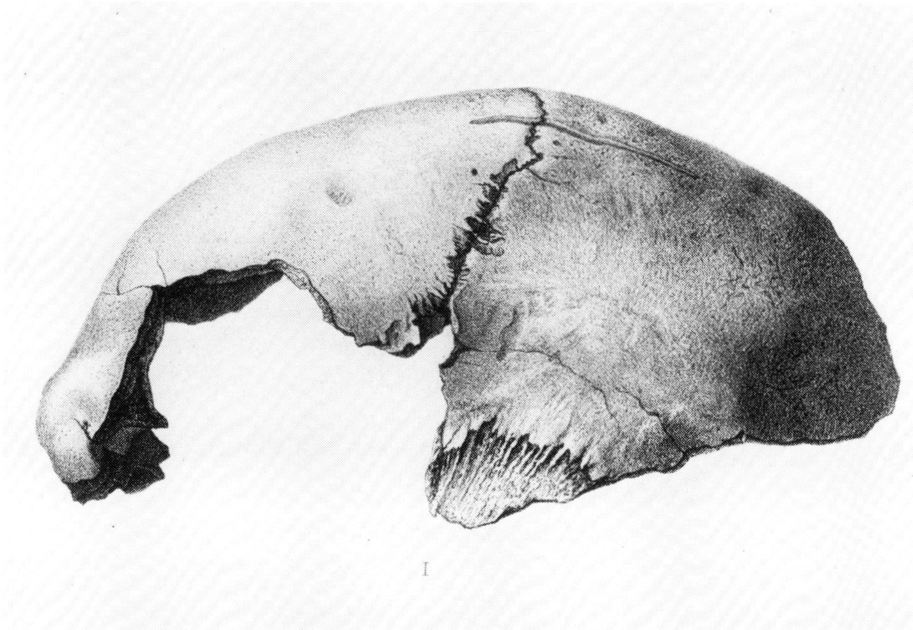

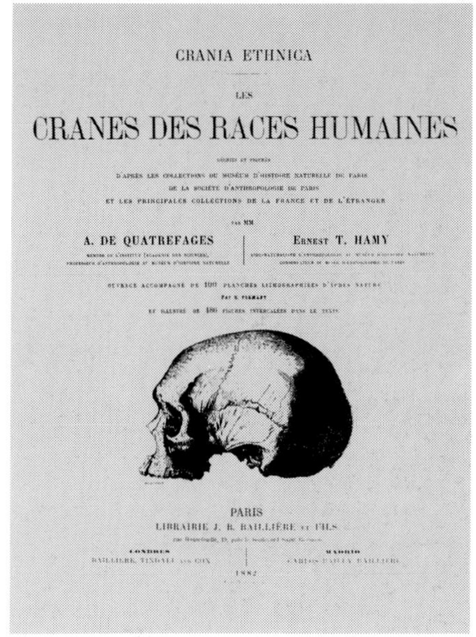

CRANIA ETHNICA

LES

CRANES DES RACES HUMAINES

D'APRÈS LES COLLECTIONS DU MUSÉUM D'HISTOIRE NATURELLE DE PARIS
DE LA SOCIÉTÉ D'ANTHROPOLOGIE DE PARIS
ET LES PRINCIPALES COLLECTIONS DE LA FRANCE ET DE L'ÉTRANGER

PAR MM

A. DE QUATREFAGES | ERNEST T. HAMY

OUVRAGE ACCOMPAGNÉ DE 100 PLANCHES LITHOGRAPHIÉES D'APRÈS NATURE

ET ILLUSTRÉ DE 486 FIGURES INTERCALÉES DANS LE TEXTE

PARIS
LIBRAIRIE J. B. BAILLIÈRE ET FILS

LONDRES
BAILLIÈRE, TINDALL AND COX

MADRID
CARLOS BAILLY-BAILLIÈRE

1882

Bild 68. Titelseite des 1882 abgeschlossenen Lieferungswerkes ,,Crania Ethnica" mit dem dort als kennzeichnend und namengebend für die erste und älteste Rasse der Menschheit her ausgestellten Cannstatter Schädeldach.

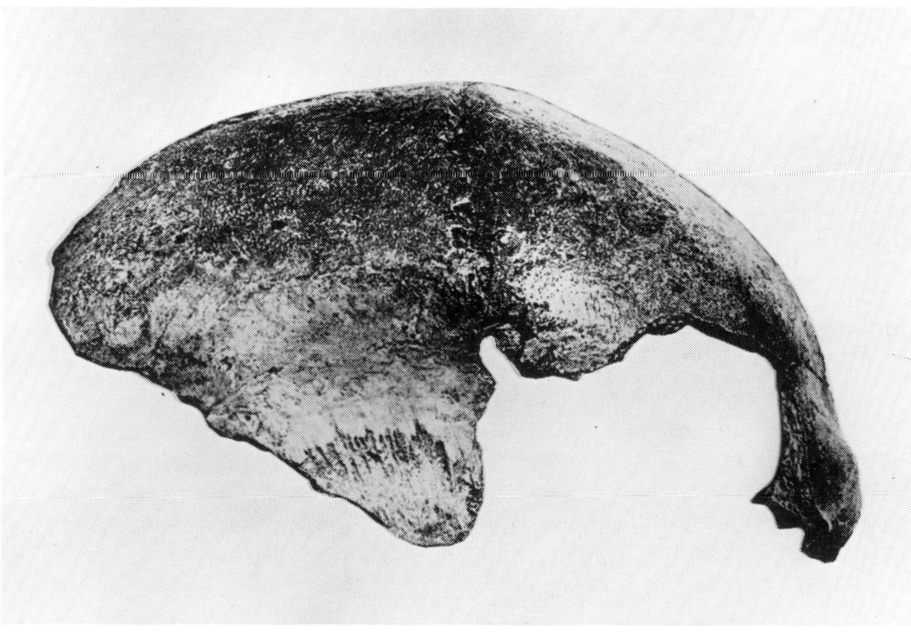

Aufdecken altsteinzeitlicher Lebensspuren – Grabung an der Schussenquelle

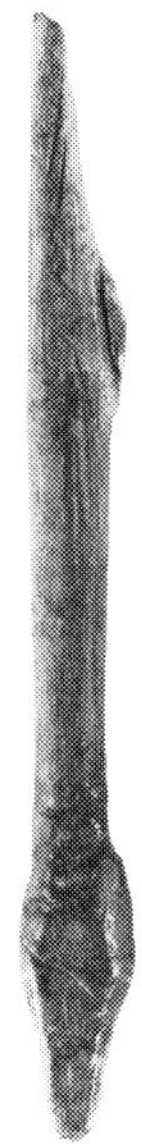

Bild 69. Einreihige Harpune des Magdalénien von der Schussenquelle als kennzeichnendes Knochengerät der ausklingenden Altsteinzeit.

Beim Tieferlegen der nahe dem Federsee gelegenen Schussenquelle durch den Müller Karl Benedikt Kaeß stieß man im Sommer 1866 auf Knochen und Geweihe von Rentieren, die der Schussenrieder Apotheker August Friedrich Valet alsbald dem Geognosten des Königlichen Naturalienkabinetts zu Stuttgart, Oskar Fraas, vorlegte. Dieser

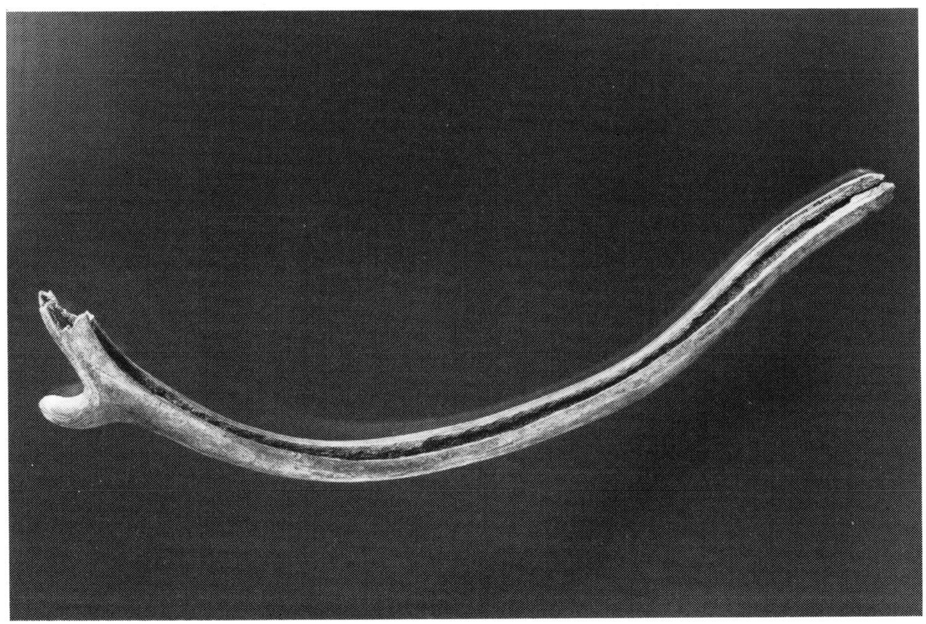

Bild 70. Geweihstange eines Rentiers von der Schussenquelle mit einem einst zur Fertigung von Knochengeräten entnommenen Span.

erkannte nicht nur die offensichtlich paläontologische, sondern auch die mutmaßlich prähistorische Bedeutung der Belege und beschloß deshalb, die angeschnittene Fundschicht auszubeuten. Dabei wurden in knapp zwei Wochen zusammen mit Resten eiszeitlicher Pflanzen und Tiere zahlreiche Steinwerkzeuge und Knochengeräte zutage gefördert, so daß man an der Gleichaltrigkeit der pflanzlichen, tierischen und menschlichen Hinterlassenschaften nicht mehr zu zweifeln vermochte und derart das Vorhandensein des eiszeitlichen Menschen für Mitteleuropa überzeugend nachweisen konnte.

Bild 71. Beim Tieferlegen der am Innenrand der Endmoräne des Würm-glazialen Rheingletschers gelegenen Schussenquelle 1866 angeschnittene Fundschicht während ihrer von Oskar Fraas geleiteten Ausbeutung.

Bild 72. Ob ihrer fragmentarischen Überlieferung wohl kaum ausdeutbare Gravur auf einer an der Schussenquelle zutage gekommenen Geweihstange vom Rentier als Hinweis auf künstlerisches Wirken der oberschwäbischen Rentier-Jäger.

Bild 73. Nachweis des diluvialen Menschen in Mitteleuropa durch die Oskar Fraas zu dankende Feststellung der Gleichaltrigkeit eiszeitlicher Pflanzen- und Tierreste mit menschlichen Hinterlassenschaften an der Schussenquelle.

III.

Beiträge zur Culturgeschichte des Menschen während der Eiszeit.

Nach den Funden an der Schussenquelle

zusammengestellt von

Dr. Oscar Fraas in Stuttgart.

Unter sämmtlichen bekannten Stationen Central-Europas, wo sich Spuren menschlicher Cultur vermengt mit den Ueberresten ausgestorbener oder wenigstens in andere Breiten verdrängter Thiergeschlechter finden, nimmt — was die Klarheit der geognostischen Lagerungsverhältnisse betrifft — der alte Schussenweiher unstreitig die erste Stelle ein.

Beim Anblick des im Sommer 1866 aufgeschlossenen 25 Meter langen und 6 Meter hohen Profils musste jeder Zweifel schwinden, als ob etwa die Culturreste einer anderen Zeit entstammten, als jener der Ablagerung, und ob doch nicht etwa die Zeit der Menschen und die Zeit der Schichtenbildung auseinanderfallen könnten. Die Schichte mit den Culturresten stellte sich unwiderleglich dar als ungestörte uranfängliche, und ihre paläontologischen Einschlüsse kennzeichneten ein hohes Alter nicht minder bestimmt, so dass alle die beweisenden Momente glücklich vereinigt waren, welche die Wissenschaft für nöthig hält, wenn sich ein sicheres Urtheil über den Werth eines Fundes bilden soll.

Aufdecken altsteinzeitlicher Lebensspuren – Im Dunkel des Hohlensteins

Kaum daß Oskar Fraas die Hinterlassenschaften der Rentier-Jäger an der Schussenquelle ergraben und die Bedeutung der dort gehobenen Funde erkannt hatte, machte er sich auf, die von ihm bereits 1861 ausgebeutete Bärenhöhle im Hohlenstein erneut zu untersuchen, hoffte er doch, nunmehr auch hier den eiszeitlichen Menschen aufspüren zu können. So wurde denn der am Hang des Lonetals gelegene alte

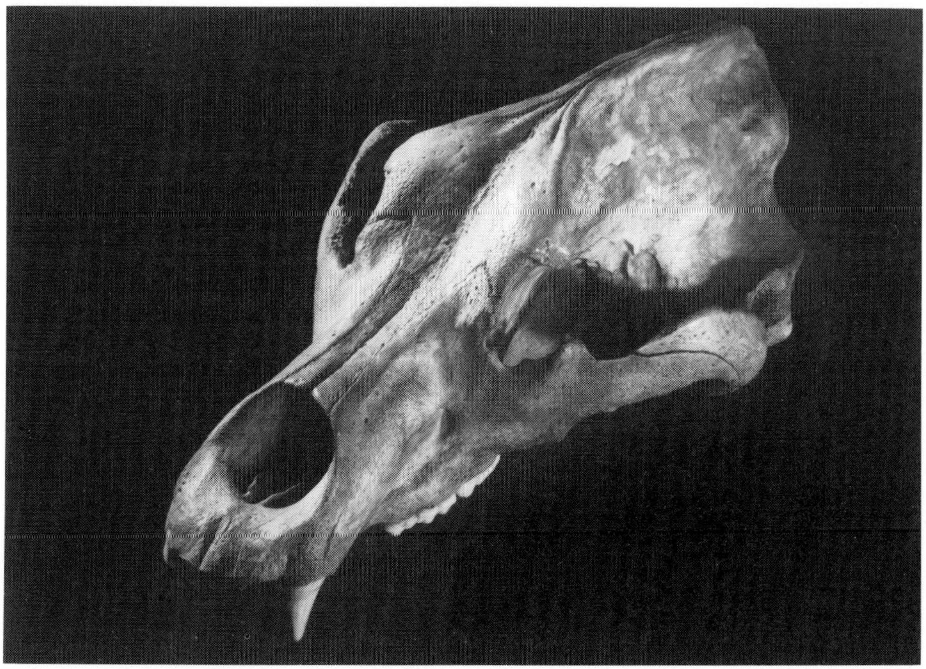

Bild 74. Schädel eines Höhlenbären aus der Bärenhöhle im Hohlenstein mit stark eingesenkter Stirn und kräftig ausgebildetem Kamm.

Bild 75. Durchbohrte Schneidezähne vom Wildpferd aus der Bärenhöhle als Hinweis auf das Schmuckbedürfnis in der jüngeren Altsteinzeit.

Bild 76. Vom Ausgräber gegebene Rückschau auf die bereits im Herbst 1861 erfolgte Erstgrabung in der nach ihrer Fundfülle an Gebiß- und Skelettresten des Höhlenbären benannten Bärenhöhle am Hang des Lonetals.

Die schwerste Menge von Bärenresten hatte übrigens der H o h l e s t e i n im Lonethal geliefert, eine Höhle, deren Ausräumung im Jahre 1862 nahezu 4 Wochen in Anspruch genommen hatte. Am Schluss der Ausgrabung fuhr vom Hauptquartier in Stetten im Lonethal ein vierspänniger Frachtwagen zur Eisenbahn ab, derselbe war mit Bärenknochen förmlich angefüllt, darunter allein 88 Schädel sich befanden. Ein Beweis, wie sehr man mit Blindheit geschlagen sein kann, war, dass ich während der ganzen Zeit der Grabarbeit noch keine Ahnung von dem prähistorischen Charakter des Hohlesteins hatte. Das Paläontologische allein war es, worauf ich achtete und vollständige Schädel, zusammenpassende Extremitäten erfreuten mich mehr als die gespaltenen Knochen und Gegenstände mit den sichtbaren Spuren von Menschenhand. Künstlich durchbohrte Zähne, Pfriemen und Nadeln aus Bein und die Splitter aus Stein waren als natürliche, zufällige Gebilde in dem grossen Abräumhaufen zugedeckt und aufs Neue in der Nacht der Höhle begraben als ich dieselbe verliess.

Bärenschlupf 1866 nochmals durchforscht, um Hinweise auf des Menschen Dasein und Wirken zur Lebenszeit des längst ausgestorbenen Höhlenbären zu erhalten. Der Erfolg blieb nicht aus; wohl waren es nur wenige Belege an Steinwerkzeugen und Knochengeräten sowie etliche durchbohrte Schneidezähne vom Wildpferd, die aus dem Dunkel der Höhle zutage traten – genug aber, um den vorzeitlichen Jäger und Sammler erstmals auch auf der Schwäbischen Alb, in dem höhlenreichen Tal der Lone zu bezeugen.

Bild 77. Aus den 1861 in der Bärenhöhle des Hohlensteins bei Asselfingen ergrabenen zahlreichen Funden unter Oskar Fraas erstelltes Skelett -eines gewaltigen Höhlenbären im Königlichen Naturalienkabinett zu Stuttgart.

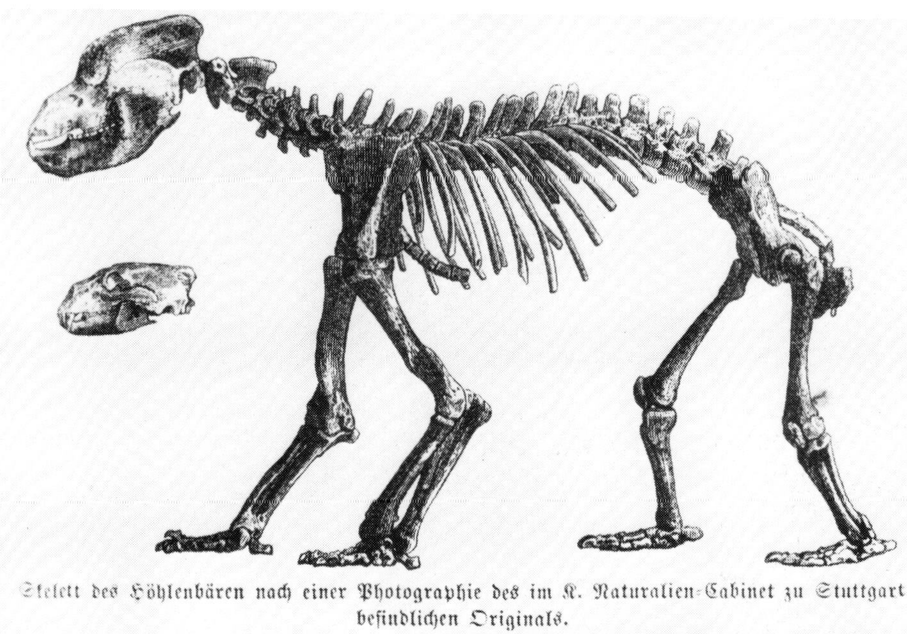

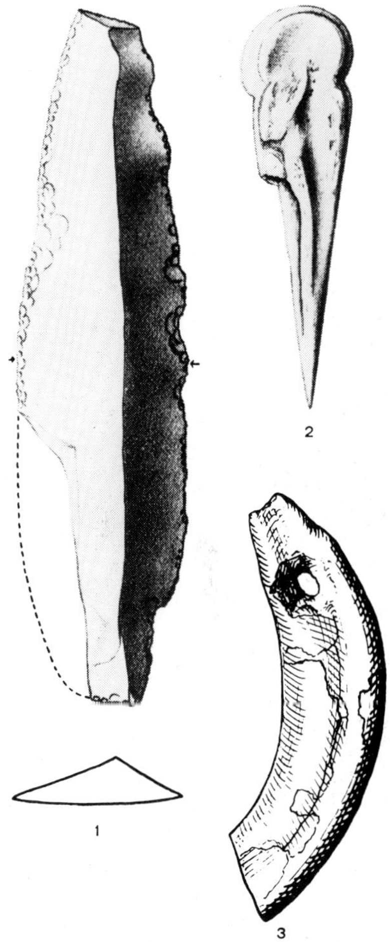

Bild 78. Nachweis einer Begehung des Hohlensteins während des Eiszeitalters dank einiger von Oskar Fraas 1866 ermittelter und von Robert Rudolf Schmidt 1912 bestätigter Artefaktfunde und etlicher durchbohrter Zähne.

Aufdecken altsteinzeitlicher Lebensspuren – Beginn der Urgeschichtsforschung

Die zum Nachweis des eiszeitlichen Menschen in Mitteleuropa führenden, aufsehenerregenden Erfolge des Stuttgarter Geognosten Oskar Fraas an der Schussenquelle und im Hohlenstein – durch die Grabungen im Hohlefelsen bei Schelklingen 1870 und 1871 noch gemehrt – ließen die 1870 zu Mainz gegründete Deutsche Gesellschaft für Anthropologie, Ethnologie und Urgeschichte unter ihrem Vorsitzenden Rudolf Virchow bereits für ihre dritte Jahresversammlung Stuttgart als Tagungsort und den Hohlefelsen als Exkursionsziel wählen. Um als örtlicher Geschäftsführer beim Vorbereiten und Durchführen landesweit Unterstützung zu finden, rief Oskar Fraas zur Gründung des Württembergischen anthropologischen Vereins auf, der sich im Februar 1872 in Stuttgart konstituierte und, zwei Jahrzehnte lang von ihm geführt, der heimischen Altertumskunde Rückhalt und Auftrieb gab. Oskar Fraas war es dann auch, der durch sein entschiedenes Eintreten auf dem denkwürdigen Konstanzer Prähistoriker-Kongreß im September 1877 der so umstrittenen Eiszeitkunst zur Anerkennung verhalf und durch sein weitgespanntes Forschen im Lande die Grundlagen schuf sowie im Volke den Boden bereitete für David Friedrich Weinlands „Rulaman", jene wieder und wieder gedruckte Erzählung aus der Zeit des Höhlenmenschen und des Höhlenbären.

Bild 79. Dr. Oskar Fraas (1824–1897), von 1854 an über Jahrzehnte Betreuer der erd- und lebensgeschichtlichen Sammlungen des Königlichen Naturalienkabinetts zu Stuttgart.

Bild 80. Im Jahre 1982 erschienene jüngste Ausgabe der während eines guten Jahrhunderts vielfach neu aufgelegten und auch in etliche fremde Sprachen übersetzten „Erzählung aus der Zeit des Höhlenmenschen und des Höhlenbären".

Die Nalli's erlegen ein Twoba (Mammuth).

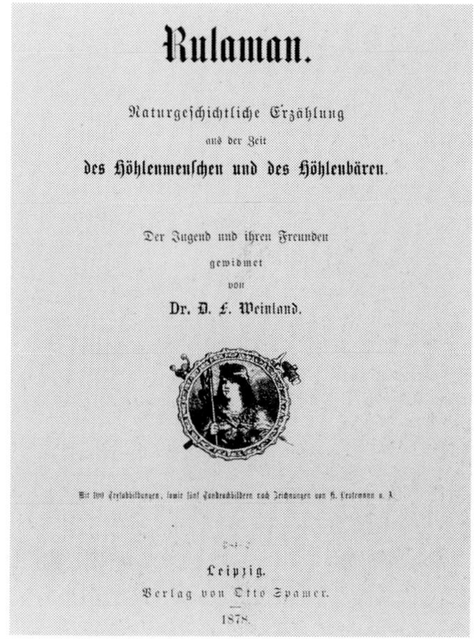

Rulaman.

Naturgeschichtliche Erzählung
aus der Zeit
des Höhlenmenschen und des Höhlenbären.

Der Jugend und ihren Freunden
gewidmet
von
Dr. D. F. Weinland.

Mit [illegible] Textabbildungen, sowie fünf Tondruckbildern nach Zeichnungen von H. Leutemann u. A.

Leipzig.
Verlag von Otto Spamer.
1878.

Bild 81. Durch die hierzulande in den sechziger Jahren mit Oskar Fraas einsetzende Urgeschichtsforschung angeregte und 1878 der Jugend samt ihren Freunden gewidmete Erzählung aus der Feder David Friedrich Weinlands.

Bild 82. Töten des in eine sorgsam abgedeckte Fallgrube gestürzten Mammuts durch Pfeilschüsse und Steinwürfe eiszeitlicher Jäger als Beispiel für die den Text bereichernde Bebilderung der Erstauflage des „Rulaman“.

Des Urmenschen leibliche Überreste – Der Unterkiefer des Heidelbergers

Als erster körperlicher Rest eines Urmenschen aus Süddeutschlands Boden kam am 21. Oktober 1907 aus den in der Sandgrube Rösch bei Mauer an der Elsenz abgebauten alten Neckarschottern gut 24 Meter unter der Oberfläche ein massiger Unterkiefer mit vollständiger Bezahnung zutage. Dieser älteste sicher verbürgte menschliche Skelettrest aus Europas Vorzeit – der Aufmerksamkeit des Sandgräbers Daniel Hartmann zu verdanken – wurde schon im nachfolgenden Jahr von Otto Schoetensack, Dozent an der nahen Universität Heidelberg, in einer reichbebilderten Abhandlung als Homo heidelbergensis bekanntgegeben. Durch seine Formgebung erwies sich der Fund als jener Gruppe früher Menschen zugehörig, deren erste Belege gegen Ende des letzten Jahrhunderts am Ufer des Solo bei Trinil im Inneren Javas entdeckt und 1894 als solche des Pithecanthropus erectus beschrieben wurden; durch die mit ihm reichlich gefundenen Überreste einer altertümlichen Tierwelt ließ sich zudem seine Stellung im wechselhaften erdgeschichtlichen Geschehen des Eiszeitalters ermitteln und darüber hinaus abschätzen, daß der Heidelberger sein Dasein als Jäger und Sammler vor ungefähr 500 000 Jahren gefristet haben dürfte.

DER UNTERKIEFER DES HOMO HEIDELBERGENSIS

AUS DEN SANDEN VON MAUER BEI HEIDELBERG

EIN BEITRAG ZUR PALÄONTOLOGIE DES MENSCHEN

VON

OTTO SCHOETENSACK

MIT 13 TAFELN, DAVON 10 IN LICHTDRUCK

LEIPZIG
VERLAG VON WILHELM ENGELMANN
1908

Bild 83. Dr. Otto Schoetensack (1850–1912), 1904 Privatdozent und 1909 Professor an der Universität Heidelberg.

Bild 84. Titelseite der 1908 erschienenen grundlegenden Abhandlung Otto Schoetensacks über den von ihm Homo heidelbergensis benannten Mauerer Urmenschenfund.

Bild 85. Sandgrube Rösch im Gewann Grafenrain bei Mauer an der Elsenz mit der Fundstelle des in gut 24 Meter Tiefe ergrabenen Unterkiefers.

Bild 86. Daniel Hartmanns Fund eines menschlichen Unterkiefers vom 21. Oktober 1907 aus den Schottern des einstigen Neckars bei Mauer an der Elsenz.

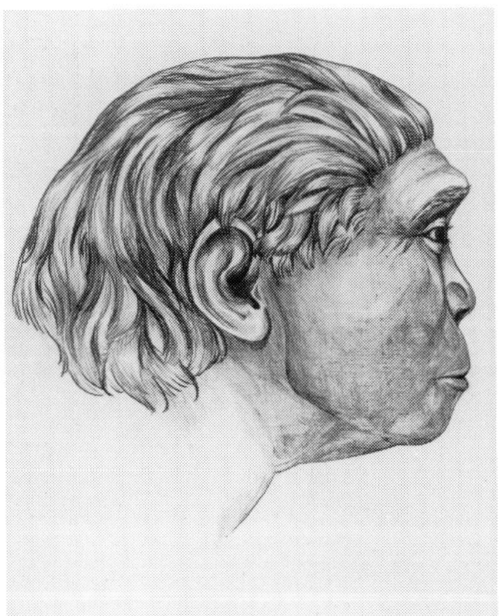

Bild 87. Porträt des von Michail Michailowitsch Gerassimow 1964 auf dem Fund nachgestalteten Heidelberger Urmenschen.

Des Urmenschen leibliche Überreste – Ein Schädelfund im Tal der Murr

Gut zweieinhalb Jahrzehnte nach dem Auffinden des Unterkiefers von Mauer an der Elsenz kam – und zwar gleichfalls aus Flußablagerungen und wiederum im Neckarland – ein weiterer bedeutsamer Beleg vom Urmenschen zutage: ein am 24. Juli 1933 in der Kiesgrube Sigrist zu Steinheim an der Murr tief unter der Oberfläche in den dort seit langem schon aufgeschlossenen fossilreichen Schottern entdeckter, wohlerhaltener Schädel. Von Karl Sigrist, dem Sohn des Grubenbesitzers, beachtet und gemeldet, war dieser Fund letzthin dem jahrelangen Überwa-

Bild 88. Dr. Fritz Berckhemer (1890–1954), Hauptkonservator an der Württembergischen Naturaliensammlung in Stuttgart.

Notiz über den Fund eines Urmenschenschädels in den Schottern von Steinheim a. d. Murr.

Am 24. Juli d. J. wurde in Steinheim a. d. Murr, in der SIGRIST'schen Kiesgrube, von KARL SIGRIST jun. ein Urmenschenschädel entdeckt. Die Bergung konnte am folgenden Tag im Beisein des Unterzeichneten durch Oberpräparator MAX BÖCK von der Württ. Naturaliensammlung aus dem Anstehenden vorgenommen werden. Der Schädel lag 5,5 m tief im Kies unter der Grenze Kies-Lößlehm; er stimmt in der Erhaltung mit den übrigen Diluvialfunden von Steinheim vollkommen überein. Am 27. Juli fand KARL SIGRIST jun. 120 cm über dem Lager des Urmenschenschädels den letzten rechten oberen Backenzahn eines Elefanten der *Antiquus*-Gruppe (vgl. *antiquus-trogontherii* SOERGEL). Die Zugehörigkeit des Schädels zum „Steinheimer Interglazial" scheint damit sichergestellt. Die Einordnung dieses Steinheimer Interglazials in die Diluvialstratigraphie konnte noch nicht endgültig vorgenommen werden.

Vorhanden ist an dem Fund das ganze Schädeldach und Hinterhaupt, ein größerer Teil der Gesichtspartie und des Oberkiefers; in diesem sind auf beiden Seiten die drei Molaren, rechts auch ein Prämolar erhalten. Die linke Seite des Schädels zeigt eine beträchtliche Zertrümmerung und Verlagerung der Teile. Die Überaugenwülste sind sehr ausgeprägt; der Schädel ist im ganzen zierlicher als der Neandertaler Typus.

F. BERCKHEMER.

Bild 89. Bekanntgabe des Steinheimer Urmenschen-Fundes durch Fritz Berckhemer in dem Ende August 1933 erschienenen Heft der Palaeontologischen Zeitschrift.

Bild 90. Kiesgrube Sigrist östlich der Höpfigheimer Straße in Steinheim an der Murr am 25. Juli 1933 mit dem noch im Fundlager ruhenden Schädel.

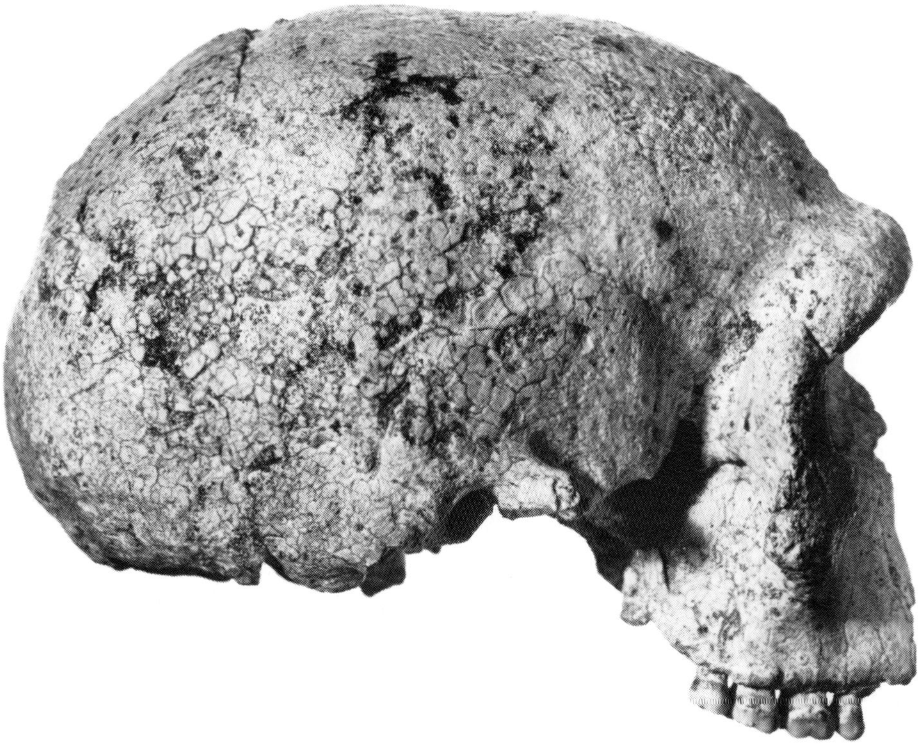

Bild 91. Karl Sigrists Fund eines menschlichen Schädels vom 24. Juli 1933 aus den Schottern von Murr und Bottwar bei Steinheim an der Murr.

chen der Abbaue von Sand und Kies an der unteren Murr durch Fritz Berckhemer, Geologe und Paläontologe an der Württembergischen Naturaliensammlung in Stuttgart, zu verdanken. Er war es auch, der nach dem sorgsamen, gewissenhaften Bergen dieses Jahrhundertfundes alsbald den Schädel in Vorträgen, Berichten und Abhandlungen bekanntgab, vor allem aber erkannte, daß man in dem von ihm benannten Homo steinheimensis einen möglichen frühen Vorfahren des Jetztmenschen erblicken dürfe, dem er trotz seines hohen Alters von an die 250 000 Jahren, soweit beurteilbar, näher stehe als der weit jüngere, dem Homo sapiens zeitlich unmittelbar vorangehende Neandertaler.

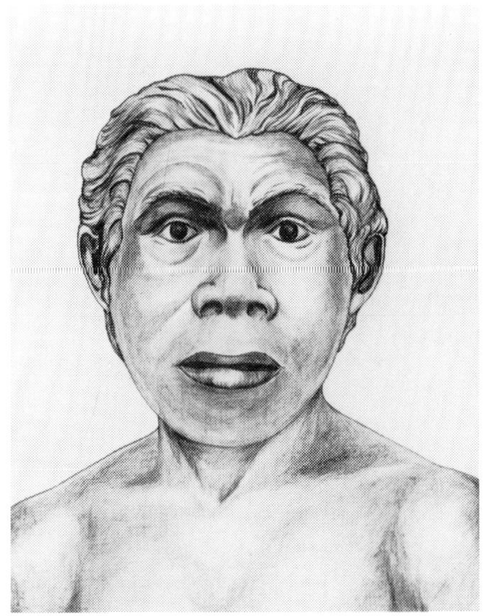

Bild 92. Porträt des von Michail Michailowitsch Gerassimow 1964 auf dem Fund nachgestalteten Steinheimer Urmenschen.

Die Erforschung des vorzeitlichen Menschen

Funde auf drei Kontinenten – Erkennen der fossilen Menschengruppen

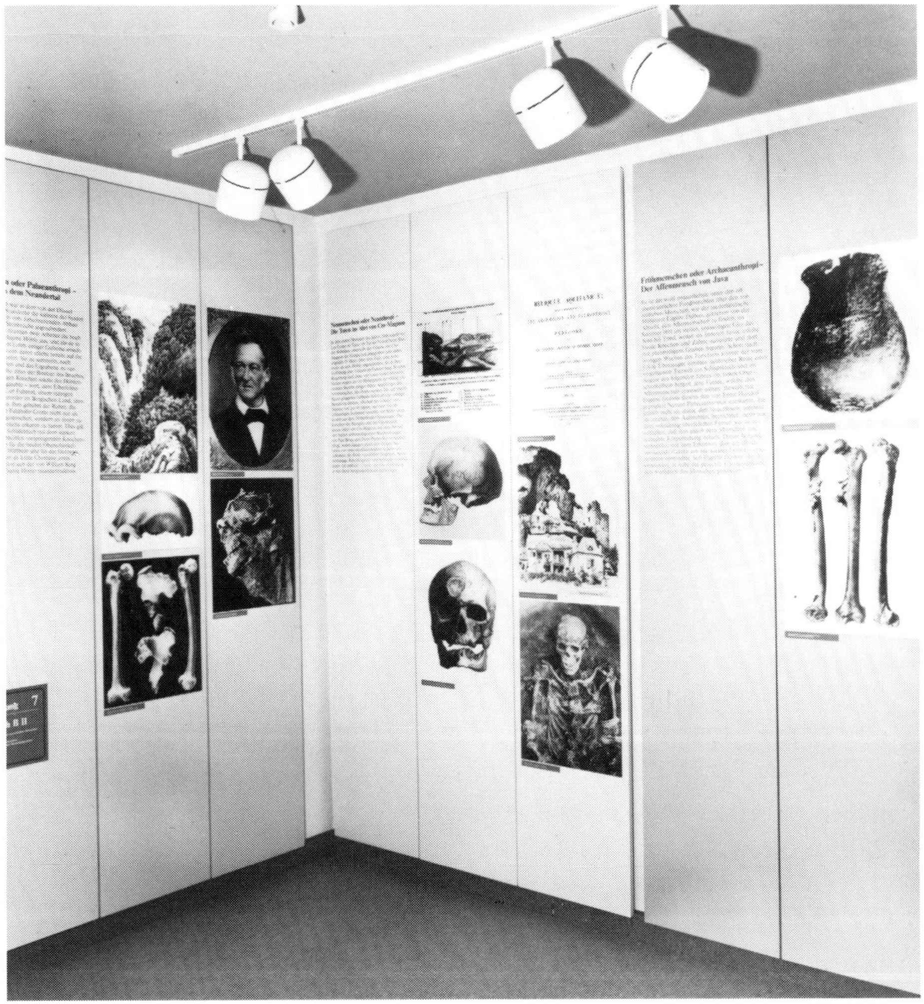

Bild 93. Bereich B II mit dem Blick auf Nummer 7 des Rundgangs.

Altmenschen oder Palaeanthropi – Charles Darwins Lebenswerk

Es war am 24. November des Jahres 1859, als zu London ein umfängliches wissenschaftliches Werk erschien, betitelt „On the Origin of Species“, ein Werk, dessen Erstauflage von 1250 Stück bereits am Erscheinungstag vergriffen war, ein Werk, welches den Namen seines Verfassers in alle Welt getragen hat und zum Inbegriff des Naturforschers schlechthin werden ließ: Charles Darwin. Er, der hundert Jahre danach als Begründer der modernen Biologie vielfach geehrt und darüber hinaus von Sir Julian Sorell Huxley als „eine der hervorragendsten Gestalten der Menschheitsgeschichte“[5] apostrophiert werden sollte, hatte lange gezögert, sein Wissen „Über die Entstehung der Arten“ von sich zu geben. Die ihm gewordenen Erkenntnisse wurzeln in dem reichen Erleben einer fünfjährigen Forschungsfahrt auf H. M. S. Beagle, bekannt als „Reise eines Naturforschers um die Welt“; sie sind herangereift während zweier Jahrzehnte und sollten in einem 1856 begonnenen, auf mehrere Bände veranschlagten Werk niedergelegt werden. Da erzwang die Anfang 1858 entworfene, kongeniale Abhandlung „Über die Tendenz der Varietäten unbegrenzt von dem ursprünglichen Typus abzuweichen“ des auf der Molukken-Insel Ternate krank darniederliegenden Alfred Russel Wallace eine erste, gemeinsame Mitteilung vor der Linnean Society in London. Veranlaßt war sie von Sir Charles Lyell, dem Geologen, und Joseph Dalton Hooker, dem Botaniker, deren freundschaftlichem Drängen es zu danken ist, daß Charles Darwin nun endlich die Zeugnisse für den Wandel der Arten als Auszug aus dem geplanten, doch nie vollendeten Gesamtwerk übers Jahr zusammenzustellen sich entschloß und zugleich die als Tatsache erkannte Evolution durch das Prinzip der natürlichen Auslese, der Selektion, begreifbar zu machen vermochte.

Bild 94. Charles Darwins Erkenntnis über die Abstammung des Menschen nach einer zeitgenössischen Karikatur im „London Sketch Book".

Daß auch das Menschengeschlecht in dieses Geschehen einbezogen sei, war Charles Darwin seit langem ein vertrauter Gedanke. Rückschauend bekennt er: „Sobald ich im Jahre 1837 oder 1838 überzeugt worden war, daß Arten veränderliche Produkte sind, konnte ich mich nicht dem Glauben verschließen, daß auch der Mensch unter dasselbe Gesetz fallen müsse."[6] Und als er nun nach vielmonatigem, angestrengtem Schaffen sein Manuskript „Über die Entstehung der Arten" beschloß, da glaubte er, „damit kein anständiger Mensch mich deshalb angreifen könne, weil ich meine Ansichten verheimlicht hätte"[7], den prophetischen Satz anfügen zu müssen: „Licht wird fallen auf den Ursprung des Menschen und seine Geschichte."[8] Das derart angedeutete Einbeziehen des Menschen – scheinbar nur ein zurückhaltender Hinweis, tatsächlich aber die unabdingbare Folgerung – war es, welches selbst einen solch überragenden und aufgeschlossenen Forscher wie Charles Lyell lange hatte zaudern lassen, seinem Freunde zuzustimmen, und der als Paläontologe weitbekannte Heidelberger Professor Heinrich Georg Bronn scheute sich gar, jenen einen Satz in die dritte und letzte Lieferung der bereits 1860 zu Stuttgart erscheinenden Übersetzung von Charles Darwins Werk aufzunehmen. Gewiß, dies erwies sich als vergebliches Beginnen, war doch die Herkunft des Menschengeschlechts nun einmal zur Frage geworden, zu einer drängenden und bewegenden Frage, die vielfach aufgegriffen und erörtert werden sollte und – kaum gestellt – weltlichen wie kirchlichen Gegnern jeder Evolution Anlaß gab, heftig und erbittert, meist unsachlich und nicht selten in verletzender Schärfe, gegen Charles Darwin und seine Gedanken anzukämpfen.

Ein erster aufsehenerregender, öffentlicher Streit sollte Ende Juni des Jahres 1860 während der 30. Versammlung der British Association for the Advancement of Science in Oxford entbrennen, obschon Charles Darwin seiner angegriffenen Gesundheit wegen den Sitzungen fernbleiben mußte und sein nunmehr in zweiter Auflage vorliegendes Werk nicht für wert befunden wurde, in der Ansprache des Präsidenten, des sehr ehrenwerten Lord Wrottesley, unter den bedeutsamen Ereignissen des vergangenen Jahres erwähnt zu werden. So blieb es dem Professor der Botanik an der Universität Oxford, Charles Giles Bridle Daubeny, vorbehalten, in einer Sitzung der Sektion für Botanik und Zoologie am 28. Juni auf Charles Darwins Ansichten „Über die Entstehung der Arten" hinzuweisen und durch seinen Vortrag eine nachfolgende Diskussion zu veranlassen, welche der vielgerühmte Anatom und damalige Leiter der naturhistorischen Abteilungen des British Museum, Richard Owen, zu einem seiner berüchtigten Ausfälle zu nutzen gedachte. Angebliche Unterschiede im Bau des Gehirns zwischen Mensch und Affe sollten gegen Charles Darwin zeugen, doch brachten die offenkundig unhaltbaren, bekannte Tatsachen und gesichertes Wissen bewußt übergehenden Behauptungen Richard Owens diesem den ebenso berechtigten wie beschämenden Widerspruch des jungen Thomas Henry Huxley ein.

Der Kampf war entbrannt, und er sollte zwei Tage später in der überfüllten Bibliothek des Museums – der übliche Vortragssaal vermochte den Andrang nicht zu fassen – seinen erwarteten Fortgang finden. Angesetzt war für diesen Samstag ein Vortrag über die geistige Entwicklung Europas von Henry Draper, einem Professor aus New York, der auch die Ansichten Charles Darwins über den Fortschritt der Organismen zu behandeln versprach; er gab einen offenbar wenig anregenden Bericht, dem jedoch eine von John Stevens Henslow, dem väterlichen Freunde Charles Darwins, geleitete, um so bewegtere Diskussion nachfolgte. Sie wurde beherrscht von Samuel Wilberforce, dem Bischof von Oxford, einem wortgewaltigen Kirchenmanne, der sich anheischig gemacht hatte, Charles Darwin zu vernichten. Zu solchem Beginnen durfte er des fachlichen Beistands von Richard Owen gewiß sein und ebenso der Zustimmung der meisten unter den dichtgedrängten Zuhörern, die bereit waren, den Worten des Bischofs Beifall zu zollen, bis daß er sich hinreißen ließ zu jener berühmt gewordenen, unmittelbar an Thomas Henry Huxley gerichteten Frage, ob er lieber

Bild 95. ,,Der Spiegel" mit einem von Boris Artzybasheff gestalteten Stammbaum als Umschlagbild zu der Ende 1962 erschienenen Titelgeschichte über Charles Darwin.

über seinen Großvater oder seine Großmutter von einem Affen abstammen wolle. „Der Herr hat ihn in meine Hände gegeben“[9] – dies soll der so Angesprochene seinem Nachbarn bekannt haben. Und als dann Thomas Henry Huxley das Wort gegeben war, wehrte er mit sachlicher Begründung kraftvoll den Angriffen des Bischofs und erwiderte: „Wenn denn ... die Frage an mich gerichtet ist, ob ich lieber einen nichtswürdigen Affen zum Großvater haben wollte oder einen Mann, von Natur hochbegabt und über großen Einfluß verfügend, der jedoch jene Gaben und diesen Einfluß allein dazu gebraucht, eine ernste wissenschaftliche Diskussion ins Lächerliche zu ziehen, so bekräftige ich ohne Zaudern meine Vorliebe für den Affen.“[10] Diese Worte einer vernichtenden Entgegnung gingen unter in dem aufbrandenden Beifall der Hörer, die Thomas Henry Huxley an diesem Tage, in dieser Stunde den Sieg zuerkannten, aber wohl kaum ahnten, daß sie soeben Zeugen geworden waren des derart begonnenen, langwährenden und wechselvollen Kampfes um des Menschen Stellung in der Natur.

Sie aufzuzeigen, war Thomas Henry Huxley in den folgenden Jahren ein drängendes Anliegen, und so erschienen 1863 einige inhaltsreiche und bedeutsame, die menschliche Abstammungslehre begründende Abhandlungen, zusammengefaßt als „Zeugnisse für die Stellung des Menschen in der Natur“. Der so betitelte Band – im gleichen Jahre noch ins Deutsche übertragen – gab Einblick in die Naturgeschichte der menschenähnlichen Affen, sodann Hinweis auf Beziehungen zwischen Mensch und Tier und im dritten und letzten Beitrag Kenntnis von fossilen menschlichen Überresten. Was an solchen damals benannt werden konnte, vermochte jedoch schwerlich das Dunkel um die Herkunft des Menschengeschlechts zu erhellen; denn das wenige war umstritten und schien im Alter fraglich zu sein wie jener einige Jahre zuvor geborgene Fund aus einer Höhle im Neandertal unweit von Düsseldorf.

Bild 96. Johann Carl Fuhlrott (1803–1877). Lehrer an der Realschule in Elberfeld und Wegbereiter für das Erkennen des Urmenschen.

Altmenschen oder Palaeanthropi – Gebeine aus dem Neandertal

In den dreißiger Jahren des vorigen Jahrhunderts schrieb der Hofrat Johann Heinrich Bongard, ein Arzt aus Erkrath, seine besinnliche „Wanderung zur Neandershöhle" nieder. Sie führt in das abgeschiedene Tal der Düssel, von dessen unberührter Schönheit er Kunde gibt und dessen einstiges Bild er festgehalten hat: Von einem an die hundert Fuß aufragenden Fels, dem Rabenstein, blickt man in die tief ins Gestein geschnittene Schlucht, an deren felsigem Grunde die Wasser rauschen, in deren steilem Gehänge sich Spalten und Höhlen öffnen. Eine dieser, die kleinere der beiden Feldhofer Grotten gegenüber der Neandershöhle, sollte noch zu Lebzeiten Johann Heinrich Bongards von sich reden machen, kam doch einer der bedeutsamsten Funde aus des Menschen Vergangenheit in ihr zutage, nachdem sie im Sommer 1856 vom fortschreitenden Abbau der linksufrigen Steinbrüche angeschnitten worden war. Achtlos räumten zwei Arbeiter die gegen 20 Meter über der Düssel gelegene Höhle aus, und als sie in dem eingelagerten Lehm einiger Gebeine ansichtig wurden, da waren deren etliche bereits auf die Sohle hinabgeworfen. Sie zu sammeln, nach weiteren zu suchen und das Ergrabene zu verwahren, veranlaßte einer der Besitzer des Bruches, der in den kräftigen Knochen solche des Höhlenbären zu sehen glaubte – wert, dem Elberfelder Lehrer Johann Carl Fuhlrott, einem rührigen Forscher und Sammler im Bergischen Land, übergeben zu werden. Ihm gebührt der Ruhm, die Gebeine aus der Feldhofer Grotte nicht nur als menschliche angesprochen, sondern an ihnen zugleich das Urtümliche erkannt zu haben. Dies gilt für das niedrige Schädeldach mit dem starken, über den Augenhöhlen vorspringenden Knochenwulst, aber auch für die beiden Oberschenkelbeine, das linke Hüftbein und für das Dutzend weiterer Knochen als letzte Überreste

Bild 97. Tafel zu Johann Heinrich Bongards „Wanderung zur Neandershöhle“ mit Blick vom Rabenstein auf den jenseitigen Talhang mit den beiden Feldhofer Grotten in den dreißiger Jahren des vorigen Jahrhunderts.

eines vorzeitlichen Menschen von einst kräftigem Wuchs, doch nur geringer Größe.

Rasch verbreiteten Zeitungsberichte – sie mengten Wahres mit Falschem – die Kunde von jenem alten Gerippe, und kaum war es in Johann Carl Fuhlrotts Besitz gelangt, da suchte der Geheimrat Franz Joseph Carl Mayer, Ansehen und Macht seines akademischen Amtes einsetzend, es für die Universität Bonn mit dem Hinweis zu gewinnen, „solche Funde gehören doch eigentlich zu den Domänen der Wissenschaft“[11]. Sein Mühen aber war vergebens, und als dann Monate später Johann Carl Fuhlrott die Knochen in Bonn vorlegte, überließ der offenbar ärgerlich gewordene Professor ihre anatomische Bewertung seinem jüngeren Kollegen Hermann Schaaffhausen. Dieser säumte nicht, die ihm anvertrauten Belege gewissenhaft zu untersuchen, so daß er bereits am 2. Juni 1857 – im Anschluß an Johann Carl Fuhlrotts ersten Bericht – seine Ergebnisse der zu Bonn tagenden 14. General-Versammlung des naturhistorischen Vereines der preussischen Rhein-

Bild 98. Das 1856 im Neandertal gefundene fossile Schädeldach eines vorzeitlichen Menschen mit seinem über den Augenhöhlen kräftig vorspringenden Knochenwulst in der von Johann Carl Fuhlrott 1859 veröffentlichten Zeichnung.

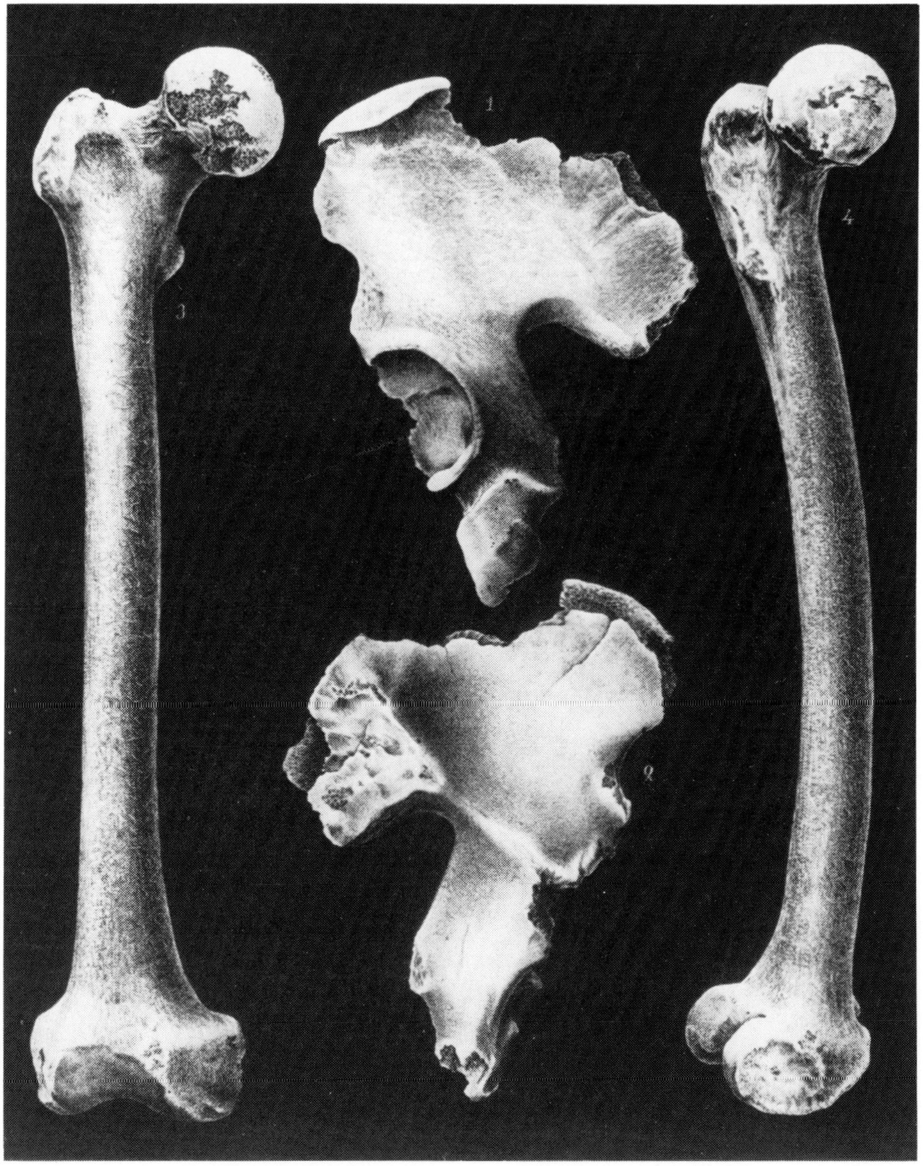

Bild 99. Hüftbein und Oberschenkelbeine auf einer der Tafeln zu Hermann Schaaffhausens der Bonner Versammlung der Deutschen anthropologischen Gesellschaft 1888 gewidmeten Schrift über den Neandertaler.

lande und Westphalens vortragen konnte. Deren Begründung wurde im Jahr darauf in einer den Fund beschreibenden und vergleichenden Abhandlung veröffentlicht, welche mit den Worten schließt: „Die menschlichen Gebeine und der Schädel aus dem Neanderthale übertreffen aber alle die anderen an jenen Eigenthümlichkeiten der Bildung, die auf ein rohes und wildes Volk schliessen lassen; sie dürfen ... für das älteste Denkmal der früheren Bewohner Europa's gehalten werden."[12] Der geschulte Anatom bestärkte derart Johann Carl Fuhlrott in seiner Ansicht, die Gebeine würden „aus der vorhistorischen Zeit, wahrscheinlich aus der Diluvialperiode stammen und daher einem urtypischen Individuum unseres Geschlechts einstens angehört haben."[13] Um dies zu erweisen, hat Johann Carl Fuhlrott die Fundgeschichte im einzelnen dargelegt sowie das Alter und die Herkunft der Knochen eingehend erörtert, doch die bereits 1857 anläßlich seines Vortrags angezeigte Arbeit sollte erst zwei Jahre später im Druck erscheinen, begleitet vom Nachwort einer unwilligen Schriftleitung, welche anmerkte, sie habe den Aufsatz zwar unverkürzt wiedergegeben, vermöge aber die vorgetragenen Ansichten des Verfassers nicht zu teilen.

Doch solche Ablehnung wog nicht schwer, verglichen mit dem Zuspruch Charles Lyells, des ersten unter den Geologen seiner Zeit. Ihm schienen jene dürftigen, aus dem Neandertal angezeigten Reste bedeutsam genug, sich im Jahre 1860 von dem Elberfelder Lehrer zu deren Fundstelle führen zu lassen, hierüber 1863 in seinem vielbeachteten Werk über „Das Alter des Menschengeschlechts" zu berichten und darin Thomas Henry Huxleys wiederholter Bekräftigung beizupflichten, das ergrabene Skelett erweise in der Tat eine urtümliche, im Schädeldach geradezu affenähnlich erscheinende Menschenform. So waren es britische Forscher von hohem Ansehen, Mitstreiter Charles Darwins, die für Johann Carl Fuhlrott eintraten und den Wert seines Fundes erkannten, eines Fundes, welcher in England auch seinen gültigen Namen erhalten sollte: Homo neanderthalensis. Unbeschadet der Frage nach Berechtigung und Notwendigkeit solch wertender Benennung schien die Eigenart des nach seiner Herkunft als Neandertaler ansprechbaren vorzeitlichen Menschen nunmehr Anerkennung erlangt zu haben; da aber glaubte Franz Joseph Carl Mayer, sich auf eigene Kenntnis der Belege berufend, scheinbar gewichtige Einwände erheben zu müssen. Der greise Bonner Anatom vermeinte, die sich mehr und mehr abzeichnende Bedeutung des Fundes mit dem Hinweis abtun zu können, jedwede Gedanken über Abstammung und Entwicklung des Menschengeschlechts seien nicht nur unsinnig, sondern auch des Schöpfers Allmacht unwürdig; und was die Gebeine aus der Feldhofer Grotte betreffe, so möchten sie wohl einem krummbeinigen und verkrüppelten mongolischen Kosaken zugeschrieben werden, der, vor einem halben Jahrhundert dem hier lagernden russischen Heer entflohen, in jener abgeschiedenen Höhle Zuflucht gesucht, doch den Tod gefunden habe.

Es kann nicht wundern, wenn ob solch professoralem Unvermögen Johann Carl Fuhlrott den Fachleuten von Amts wegen einiges Mißtrauen entgegenbrachte und nicht gesonnen war, die von ihm verwahrten Knochen des Neandertalers jedem zugänglich zu machen. So scheint auch Rudolf Virchow sich vergebens um sie bemüht zu haben, aber der Erfolg gewohnte Berliner Professor war dennoch gewillt, die Belege in seine Hände zu bekommen – eine erstaunliche Geschichte, welche, glaubhaft überliefert, dem an Ehren reichen Geheimrat schwerlich zur Ehre gereichen dürfte. Er scheute es nicht, des Hausherrn Abwesenheit nutzend, sich in Johann Carl Fuhlrotts Elberfelder Heim einzuschleichen, um die Gebeine aus dem Neandertal untersuchen zu können. Das Ergebnis dieses fragwürdigen Unternehmens hat Rudolf Virchow kurz darauf, am 27. April 1872, vorgetragen und in den Verhandlungen der Berliner Gesellschaft für Anthropologie, Ethnologie und Urgeschichte mit den Worten festgehalten: „Wir können

Bild 100. Von Henri Martin im September 1911 entdeckter weiblicher Schädel samt Unterkiefer und Teilen des Skeletts eines Homo neanderthalensis von La Quina bei Angoulême in der Charente während der Präparation.

daher meiner Meinung nach mit voller Sicherheit schliessen, dass das fragliche Individuum in seiner Kindheit in einem geringen Grade an Rachitis gelitten, dass es dann eine längere Periode kräftiger Thätigkeit und wahrscheinlicher Gesundheit durchlebt hat, welche nur durch mehrere schwere Schädelverletzungen, die aber glücklich abliefen, unterbrochen wurde, bis sich später Arthritis deformans mit anderen, dem höheren Alter angehörigen Veränderungen einstellte, insbesondere der linke Arm fast ganz steif wurde, dass aber trotzdem der Mann ein hohes Greisenalter erlebte. Es sind das Umstände, welche auf einen sicheren Familien- oder Stammesverband schliessen lassen, ja welche vielleicht auf eine wirkliche Sesshaftigkeit hindeuten. Denn schwerlich dürfte in einem blossen Nomaden- oder Jägervolke eine so viel geprüfte Persönlichkeit bis zum hohen Greisenalter hin sich zu erhalten vermögen."[14]

Dieser Bericht ließ den Neandertaler als einen für die Geschichte der Menschheit belanglosen Krüppel erscheinen, und da solches das Urteil eines Rudolf Virchow war, sollte das Forschen um den vorzeitlichen Menschen um Jahrzehnte hintangehalten werden. Erst die auf eingehender Untersuchung der alten Reste und neuerer Funde gründenden Forschungen des Straßburger Anatomen Gustav Schwalbe waren es dann, welche um die Jahrhundertwende die Gebeine aus der Feldhofer Grotte endgültig als Urkunden einer vom heutigen Menschen, dem Homo sapiens, unterscheidbaren einstigen Menschenform erwiesen. Die schon von Johann Carl Fuhlrott in ihrer Bedeutung erfaßten wenigen Knochen hatten sich damit als erster Nachweis des Urmenschen zu behaupten und durchzusetzen vermocht, und so war es jener Fund des Jahres 1856, welcher die Paläanthropologie, die Lehre vom Menschen der Vorzeit, begründet hat.

Neumenschen oder Neanthropi – Die Toten im Abri von Cro-Magnon

Fig. 3. — Profil transversal de la vallée de la Vézère, passant par le rocher de Cro-Magnon.

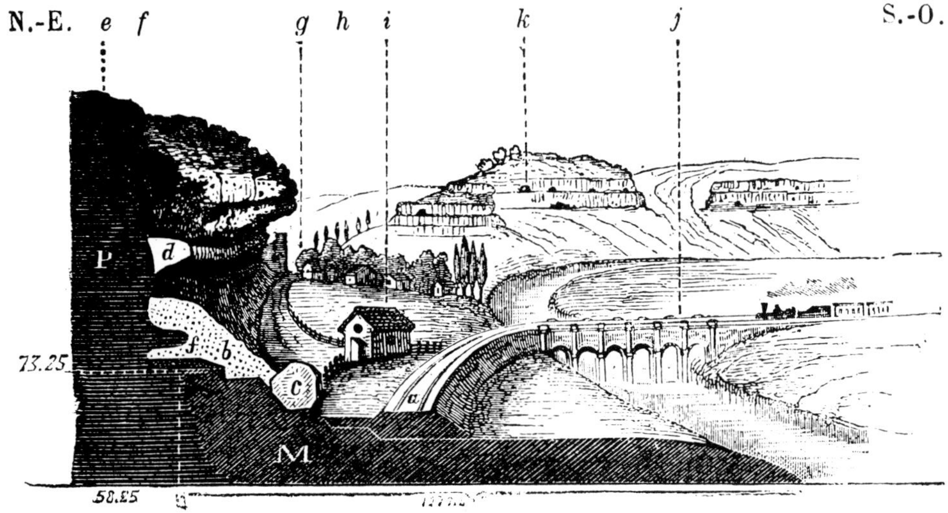

Altitude de la Vézère à l'étiage = 58m,25. Hauteur de la grotte de Cro-Magnon au-dessus de la Vézère = 15 mètres. Distance de la grotte à la rivière, environ 177 mètres.

a. Chaussée du chemin de fer.
b. Talus.
c. Grand bloc de calcaire.
d. Surplomb du rocher qui a disparu.
P. Calcaire crétacé.
M. Eboulis des talus et alluvions du fond de la vallée.
e. Rocher de Cro-Magnon.
f. Grotte.
g. Château et village des Eyzies.
h. Vallée de la Beune.
i. Maison du garde-barrière.
j. Pont du chemin de fer sur la Vézère.
k. Grottes du Cingle.

Bild 101. Von Louis Lartet 1868 entworfene Zeichnung zur Erläuterung der Fundverhältnisse am Felsen von Cro-Magnon über der Vézère bei dem seit seines Vaters Edouard Lartet Grabungen weithin bekanntgewordenen Les Eyzies de Tayac.

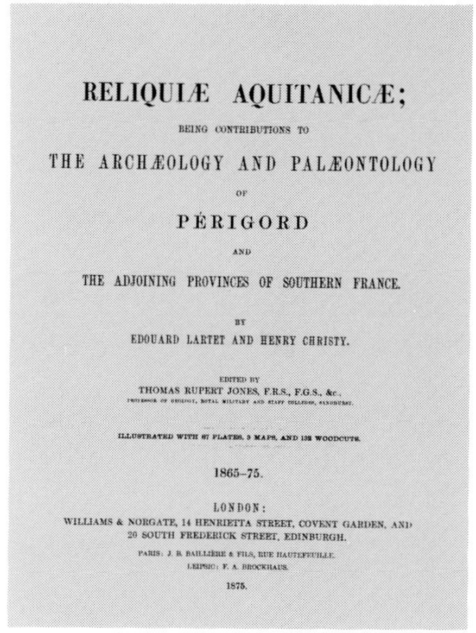
RELIQUIÆ AQUITANICÆ;

BEING CONTRIBUTIONS TO

THE ARCHÆOLOGY AND PALÆONTOLOGY

OF

PÉRIGORD

AND

THE ADJOINING PROVINCES OF SOUTHERN FRANCE.

BY

EDOUARD LARTET AND HENRY CHRISTY.

EDITED BY

THOMAS RUPERT JONES, F.R.S., F.G.S., &c.,

PROFESSOR OF GEOLOGY, ROYAL MILITARY AND STAFF COLLEGES, SANDHURST.

ILLUSTRATED WITH 87 PLATES, 3 MAPS, AND 132 WOODCUTS.

1865–75.

LONDON:

WILLIAMS & NORGATE, 14 HENRIETTA STREET, COVENT GARDEN, AND
20 SOUTH FREDERICK STREET, EDINBURGH.

PARIS: J. B. BAILLIÈRE & FILS, RUE HAUTEFEUILLE.

LEIPSIC: F. A. BROCKHAUS.

1875.

Bild 102. Titelseite des in Lieferungen erschienenen epochalen Tafelwerkes „Reliquiae Aquitanicae“ von Edouard Lartet und Henry Christy mit den Ergebnissen ihrer grundlegenden Forschungen zur Urgeschichte des Périgord.

Bild 103. Les Eyzies de Tayac und die auf einer Felsterrasse gelegene Burgruine nach einer Zeichnung aus der Zeit der Erforschung der Höhle von Cro-Magnon mit ihren vielfältigen Zeugnissen einer Begehung im jüngeren Paläolithikum.

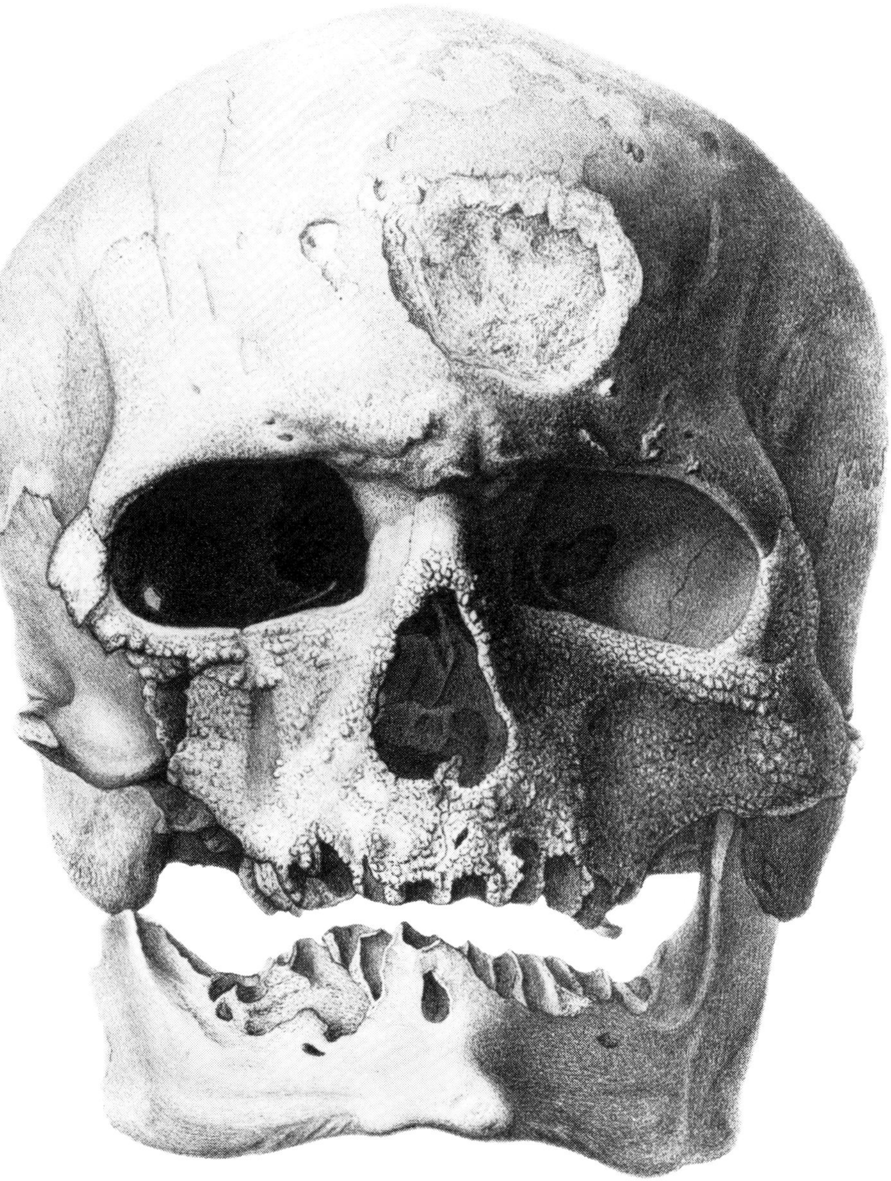

Bild 104 + 105. Zum Typus des eiszeitlichen Homo sapiens spelaeus erhobener Schädel samt Unterkiefer vom Skelett eines in der mehr breiten als tiefen Höhle von Cro-Magnon bestatteten Jägers der jüngeren Altsteinzeit.

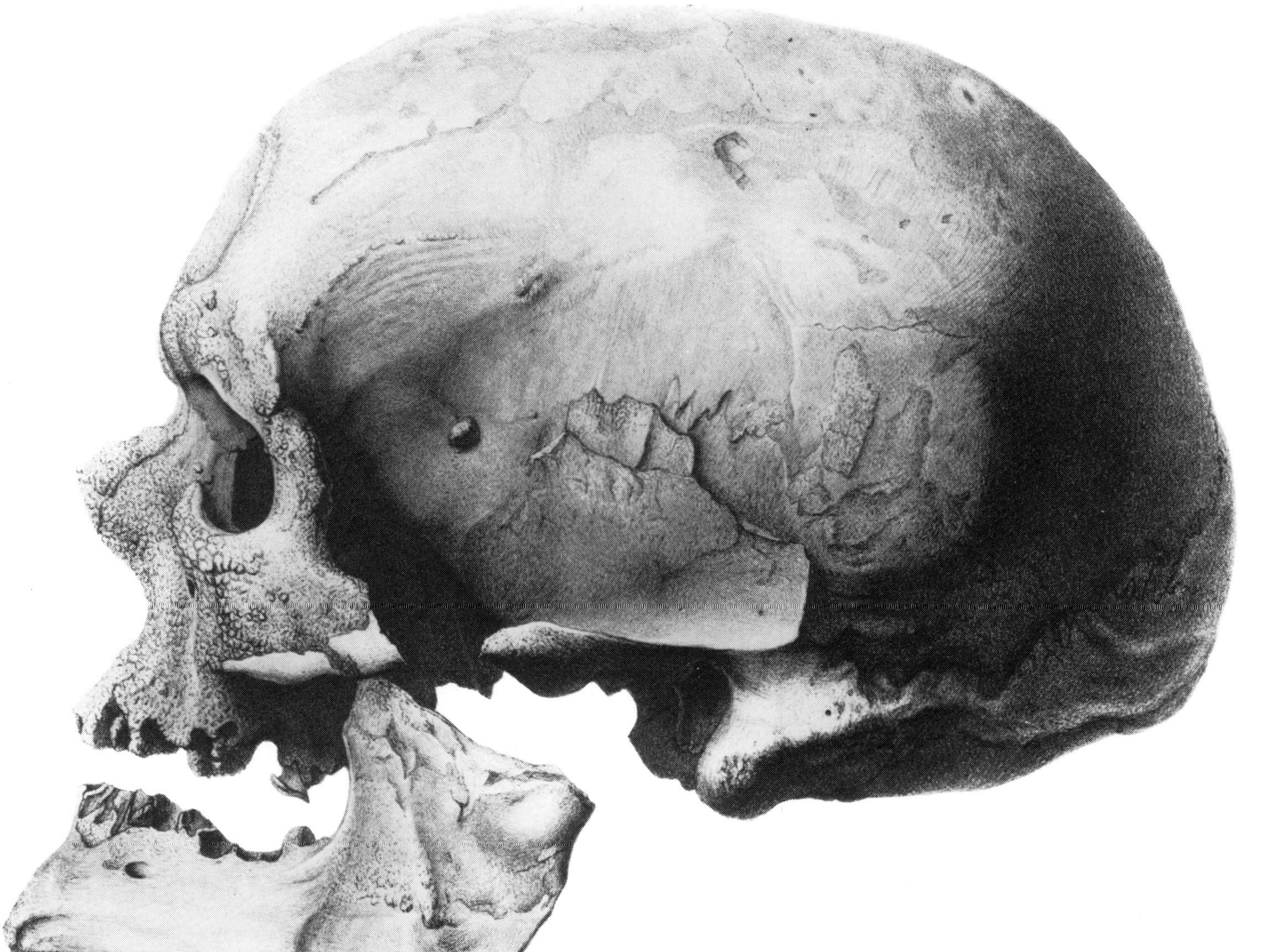

In den ersten Monaten des Jahres 1868 wurde bei Les Eyzies de Tayac im Tal der Vézère beim Bau der Bahnlinie unterhalb des Felsens von Cro-Magnon der Hangschutt abgegraben und dabei, ungefähr 15 Meter über dem Fluß, eine mehr breite als tiefe Höhle angeschnitten. Weitgehend verfüllt, barg sie eine Vielzahl an Funden, darunter mancherlei Hinweise auf frühe Menschen, auf eiszeitliche Jäger und Sammler. Deren Hinterlassenschaften wurden dank Edouard Lartets Jahre zuvor in der Dordogne so erfolgreich ausgeführten Grabungen in ihrer möglichen Bedeutung erkannt und gaben Anlaß, Louis Lartet, den Sohn des verdienten Forschers, von Amts wegen zu beauftragen, die Fundumstände an Ort und Stelle abzuklären und den Fortgang der Arbeiten zu überwachen.

Weithin Beachtung fand diese Station wegen der im Hintergrund der Höhle entdeckten menschlichen Skelette, die auf engem Raum gelagert waren und unter denen der Schädel eines Mannes von gut 45 Jahren, nur zum Teil im schützenden Sediment versenkt, von Sinter überkrustet aus dem Höhlenboden herausragte. Die Knochen des Rumpfes und der Gliedmaßen dieses Alten von Cro-Magnon, wie man ihn seit den frühen anthropologischen Beschreibungen von Paul Broca und Franz Pruner-Bey zu nennen pflegt, waren dagegen gleich den übrigen Skeletten von einer oberflächennahen Schicht umschlossen, die Reste eiszeitlicher Säugetiere, Steinwerkzeuge, Knochengeräte und Schmuck verschiedener Art enthielt – Funde, die eine Zuordnung in das ältere Jungpaläolithikum rechtfertigen.

Schon Louis Lartet folgerte aus der Lage der Skelette eine einstige Bestattung als Abschluß einer langwährenden Begehung dieser Station: Schicht hatte sich auf Schicht gelegt, mehr und mehr war der Boden erhöht und der Freiraum eingeengt worden. Als er mit nur noch wenig über einem Meter Höhe, so Louis Lartets Befund, den Menschen ein Leben in dieser Höhle erschwerte, ,,gaben sie diese nach und nach auf, um schließlich noch einmal zurückzukehren und ihre Toten dort zu verbergen."[15] Daß dem so war, wurde auch späterhin kaum ernsthaft bezweifelt; offen aber blieb die Frage, wie der Alte und die nahebei gefundene Frau samt eines Neugeborenen sowie etliche weitere Glieder wohl der nämlichen Horde den Tod gefunden haben mögen – war es im Streit, im Kampf, war es ein Unfall, oder wurden sie allesamt von einer tödlichen Krankheit hinweggerafft?

Umstritten war auch das Alter der Skelette; denn unverkennbar gehörten sie zur Art des Homo sapiens und hatten nichts gemein mit jenen vorzeitlichen Urmenschen, die 1856 in den Gebeinen aus dem Neandertal erstmals greifbar geworden waren. Die Jetztmenschen nach Louis Lartets Zuweisung des Fundes aber gleichfalls bis ins ferne Eiszeitalter zurückreichen zu lassen, schien manchem befremdlich, und folglich war es naheliegend, solchem Ansatz ein weit jüngeres, ein neolithisches oder jungsteinzeitliches Alter der Skelette entgegenzuhalten und das aus dem Fundlager vermeldete Vorkommen eiszeitlicher, diluvialer Fossilien und altsteinzeitlicher, paläolithischer Artefakte als Ergebnis späterer Durchwühlung der Schichten hinzustellen. So meint denn William Boyd Dawkins 1876, man möge über diese Fragen denken „wie man wolle, jedenfalls darf man aus den menschlichen Skeletten keinen Schluss auf die physische Beschaffenheit der paläolithischen Jäger der Dordogne ziehen oder sie als Basis für eine Ethnologie der paläolithischen Rassen nehmen wollen."[16]

Längst sind die Zweifel verstummt, und der Alte von Cro-Magnon, dessen Schädel in dem 1882 von Armand de Quatrefages und Ernest Théodore Hamy vorgelegten Tafelwerk „Crania Ethnica" so eindrucksvoll wiedergegeben ist, wurde zum Urbild des Jungpaläolithikers schlechthin; ihn kann man, einen Ende des vergangenen Jahrhunderts von Georges Vacher de Lapouge gegebenen Namen aufgreifend, als Homo sapiens spelaeus dem Homo sapiens sapiens der geologischen

Bild 106. Beim Erforschen eines jungpaläolithischen Rastplatzes am Sungir nahe bei Wladimir in Mittelrußland 1964 aufgedecktes Skelett eines mit reichem Schmuck aus Knochenperlen und Armreifen beigesetzten älteren Mannes.

Gegenwart gegenüberstellen. Die solchermaßen zusammengefaßten, in ihrer Gesamtheit vielfach auch als Cro-Magnon-Menschen bezeichneten Jäger und Sammler des ausgehenden Eiszeitalters waren es, die dank neuem Werkzeug und Gerät, dank besserer Bewaffnung und Bekleidung ihren Lebensraum gewaltig zu weiten vermochten und erstmals in den Jahrhunderttausenden menschlicher Geschichte von allen Erdteilen – ausgenommen Antarktika – Besitz ergriffen.

Frühmenschen oder Archaeanthropi – Ernst Haeckels Stammbaum

Zur nämlichen Zeit – im Sommer des Jahres 1860 – als sich Thomas Henry Huxley des Angriffs von Samuel Wilberforce erwehrte und zu Oxford mannhaft für Charles Darwin eintrat, da gelangte dessen Werk ,,Über die Entstehung der Arten" in die Hände des kurz zuvor von seiner Italienfahrt heimgekehrten Ernst Haeckel, eines jungen Naturforschers, der ausgezogen war, die ihm durch seinen großen Lehrer Johannes Müller zum Vermächtnis gewordenen Radiolarien zu erforschen. Er hat Charles Darwins Werk in Heinrich Georg Bronns Übersetzung gelesen, ,,wieder und immer wieder gelesen, und bei jeder neuen Durchsicht eröffneten sich neue überraschende Einsichten und Fernsichten."[17] Entwicklung hieß ihm fortan ,,das Zauberwort, durch das wir alle uns umgebenden Räthsel lösen, oder wenigstens auf den Weg ihrer Lösung gelangen können."[18] So deutet sich der Ernst Haeckel gewordene schicksalhafte Auftrag an, welchen er, durch seinen Freund Carl Gegenbaur für die Universität Jena gewonnen, in jugendlicher Begeisterung zu erfüllen strebte. Schon die 1862 veröffentlichte Monographie über ,,Die Radiolarien" – von Max Schultze als ,,eine der größten Zierden der zoologischen Literatur der neueren Zeit"[19] gewertet – brachte ein Bekenntnis zu Charles Darwin, und fürs folgende Wintersemester kündigte der zum Professor der Zoologie Ernannte eine einstündige Vorlesung ,,Über die Darwinsche Theorie von der Verwandtschaft der Organismen" an. Das überlieferte Manuskript erweist, daß Ernst Haeckel bereits damals die ,,Abstammung des Menschen vom Affen (wogegen noch verschiedene Vorurteile bestehen)"[20] als ebenso bedeutsame wie erregende Folgerung erkannte.

Eine solche Herkunft des menschlichen Geschlechts öffentlich zu vertreten und zu begründen, sollte die 1863 nach Stettin berufene 38.

Bild 107. Der von Ernst Haeckel vorausgesagte Pithecanthropus oder Affenmensch auf einem ihm 1894 zum sechzigsten Geburtstag überreichten Gemälde von Gabriel Max.

Versammlung deutscher Naturforscher und Ärzte Anlaß geben. Ernst Haeckel hatte einen Vortrag ,,Ueber die Entwickelungstheorie Darwin's" gemeldet, und kaum daß ihm am 19. September das Wort erteilt war, drängte es ihn, zu bekennen: ,,Was uns Menschen selbst betrifft, so hätten wir also consequenter Weise, als die höchst organisirten Wirbelthiere, unsere uralten gemeinsamen Vorfahren in affenähnlichen Säugethieren, weiterhin in känguruhartigen Beutelthieren, noch weiter hinauf in der sogenannten Secundärperiode in eidechsenartigen Reptilien, und endlich in noch früherer Zeit, in der Primärperiode, in niedrig organisirten Fischen zu suchen."[21] Dies ist ein knapper Entwurf der menschlichen Ahnenreihe, die der Jenaer Zoologe ein langes Leben lang darzustellen sich bemüht hat – Ausdruck seines im Wissen gefestigten Glaubens, ,,dass alle Geschöpfe, welche jetzt leben und welche jemals gelebt haben, zusammen ein einziges grosses Ganzes bilden, einen einzigen uralten, weitverzweigten Lebensbaum"[22]. Ihn mit seinen Ästen und Zweigen zu skizzieren und des Menschen genealogischen Standort unter den Primaten – sie vereinen seit Carl von Linné Menschen und Affen – zu bestimmen wurde 1866 versucht, als die ,,Generelle Morphologie der Organismen" entstand. Es war dies ein wahrhaft geniales Werk, dem jedoch damals der erwartete Erfolg, die erhoffte Zustimmung der Fachwelt, versagt blieb. Um so stärker aber war der Widerhall auf die zwei Jahre danach vorgelegte ,,Natürliche Schöpfungsgeschichte", eine Niederschrift von in Jena gehaltenen Vorträgen. Begeisterte Zustimmung vieler, aber auch Neid und Haß, Verleumdung und Verfolgung, brachte dieses Buch seinem Verfasser ein; denn er hatte es gewagt, sein Wissen ins Volk zu tragen, und sich nicht gescheut, Entwicklungslehre und Stammesgeschichte, vor allem aber die tierische Herkunft des Menschen, verständlich und überzeugend darzulegen.

Die im Stettiner Vortrag entworfene Ahnenreihe wurde nunmehr in eine Vielzahl von Stufen gegliedert, als deren letzte sich die der

Menschen über jene der Menschenaffen erhebt – beide getrennt und zugleich verbunden durch die Stufe der Affenmenschen. Sie, die Pithecanthropi, erlangten nach Ernst Haeckel mit dem aufrechten Gang das so bedeutsame Freiwerden ihrer Hände, noch aber sollte ihnen ,,das eigentlich charakteristische Merkmal des echten Menschen, die artikulirte menschliche Wortsprache und die damit verbundene bewußte Begriffsbildung"[23] fehlen. Als Lebenszeit der solchermaßen sprachlosen und deshalb auch Alali genannten Urmenschen wurde der Übergang vom Tertiär zum Quartär, die Wende zum Eiszeitalter, wahrscheinlich gemacht, und für den einstigen Lebensraum, die Urheimat des Menschengeschlechts, schienen ,,die meisten Anzeichen auf das südliche Asien"[24] zu weisen. So war dem Menschen ein Pithecanthropus zum Ahn bestimmt, und dies, ohne daß auch nur ein einziger Fund den längst ausgestorbenen Stammvater hätte bezeugen können. Für Ernst Haeckel war er dennoch Wirklichkeit geworden, und er, Forscher und Künstler zugleich, vermochte den aus böhmischem Geschlecht stammenden Maler Gabriel Max anzuregen, ein Gemälde dieses Affenmenschen zu schaffen. Es entstand ein vielbesprochenes Bild, welches Ernst Haeckel zu seinem 1894 festlich begangenen sechzigsten Geburtstag dargebracht wurde – in demselben Jahr, als die wissenschaftliche Welt durch eine in Batavia erschienene Abhandlung erfahren sollte, daß im fernen Java Gebeine jenes Pithecanthropus zutage gekommen seien. Derart war eine der kühnsten Aussagen des darob ebenso gefeierten wie geschmähten Jenaer Professors bestätigt und die von ihm vielfach vertretene Ahnschaft des Menschen urkundlich belegt.

Gleichwohl hat Rudolf Virchow im Sommer dieses Jahres den zu Innsbruck versammelten Anthropologen in feierlicher Eröffnungsrede darzulegen versucht, man könne den Menschen mit nicht minder guten Gründen vom Elefanten oder gar Schaf abstammen lassen als vom Affen, welch letztere Behauptung – so meinte der Vortragende – ,,der

Prähistorie in der That zuweilen recht starken Schaden bereitet hat und von der ich nicht behaupten kann, dass sie einen wesentlichen Nutzen gebracht hätte."[25] Ob solcher Gedanken müßte man den damaligen Vorsitzenden der Deutschen anthropologischen Gesellschaft der Vergreisung verdächtigen, wäre nicht hinlänglich bekannt, daß er – bestärkt von Leuten wie dem Berliner Ethnologen Adolf Bastian oder dem Münchener Anthropologen Johannes Ranke – schon seit langem seiner Ablehnung der Abstammungslehre merkwürdigsten Ausdruck gab. Erinnert sei nur an jene nachwirkende Rede über „Die Freiheit der Wissenschaft im modernen Staat", die Rudolf Virchow am 22. September 1877 auf der 50. Versammlung deutscher Naturforscher und Ärzte in München gehalten hat; denn dort war es, wo er sogar zur politischen Verleumdung griff, wo er – an die Pariser Kommune erinnernd – Gewalt und Umsturz, Greuel und Mord mit den unguten Worten beschwor: „Nun stellen sie sich einmal vor, wie sich die Descendenztheorie heute schon im Kopfe eines Sozialisten darstellt! ... Ja, meine Herren, das mag Manchem lächerlich erscheinen, aber es ist sehr ernst, und ich will hoffen, dass die Descendenztheorie für uns nicht alle die Schrecken bringen möge, die ähnliche Theorien wirklich im Nachbarlande angerichtet haben. Immerhin hat auch diese Theorie, wenn sie consequent durchgeführt wird, eine ungemein bedenkliche Seite, und dass der Sozialismus mit ihr Fühlung gewonnen hat, wird Ihnen hoffentlich nicht entgangen sein. Wir müssen uns das ganz klar machen."[26] Der Beifall ist längst verklungen, der Vortrag nahezu vergessen, doch bestehen bleibt Charles Darwins Urteil: „Virchows Verhalten ist schändlich, und ich hoffe, er wird eines Tages die Schande empfinden."[27]

In der Tat, der als Pathologe so gerühmte Berliner Geheimrat mußte es noch erfahren, daß er hier gefehlt hatte, daß sein Handeln schmählich war; denn mehr und mehr erhellte sich gegen Ende des Jahrhunderts das Dunkel um die Herkunft des Menschengeschlechts, und es war

Ernst Haeckel vorbehalten, das erreichte Wissen im August 1898 auf dem IV. Internationalen Kongreß für Zoologie zu Cambridge darzulegen. Eingehend konnte er dort ,,Ueber unsere gegenwärtige Kenntniss vom Ursprung des Menschen“ berichten, seinen Stammbaum der Primaten vor den Forschern aus aller Welt vertreten und voll Zuversicht das bis heute gültige Ergebnis aufzeigen: ,,Die Abstammung des Menschen von einer ausgestorbenen tertiären Primaten-Kette ist keine vage Hypothese mehr, sondern sie ist eine historische Thatsache.“[28]

Bild 108. Ernst Haeckel und sein so vielgeschmähter Affenmensch nach einer zeitgenössischen Karikatur im ,,Kladderadatsch“.

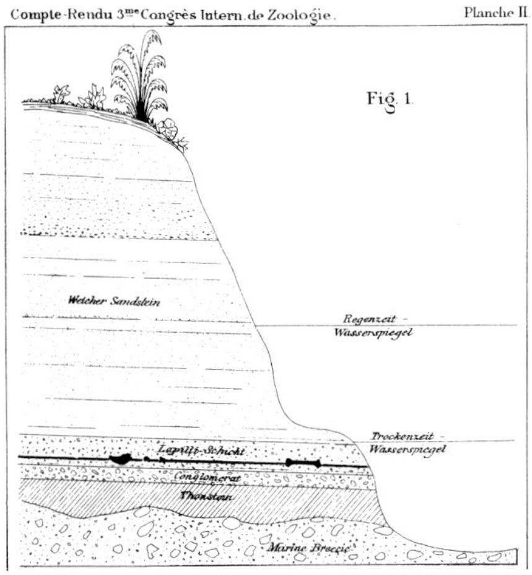

Bild 109. Von Eugène Dubois aufgenommenes geologisches Profil der Fundstelle am Steilufer des Solo bei Trinil mit dem Lager des Pithecanthropus erectus innerhalb einer durch vulkanische Auswürflinge gekennzeichneten Schicht.

Frühmenschen oder Archaeanthropi – Der Affenmensch von Java

In einem 1869 zu Berlin gehaltenen Vortrag über „Menschen- und Affenschädel" erklärte Rudolf Virchow – der große Pathologe wendet sich um jene Zeit mehr und mehr der Anthropologie zu –, „ein thatsächlicher Nachweis der Abstammung des Menschen vom Affen"[29] sei keineswegs erbracht; denn es hätten „alle bisherigen Untersuchungen nur zu Vermuthungen, aber nicht zu Beweisen geführt"[30]. Doch dann gab er zu bedenken: „Ist damit die Frage erledigt? Für die Naturforscher sicherlich nicht. Große Gebiete der Erde sind in Beziehung auf ihre fossilen Schätze noch gänzlich unbekannt. Dahin gehören gerade die Heimathsgegenden der Menschenaffen: das tropische Afrika, Borneo und die benachbarten Inseln sind noch vollständig unerforscht. Eine einzige neue Entdeckung kann den ganzen Stand der Frage ändern."[31] Diese entscheidende Entdeckung sollte einem jungen niederländischen Forscher, Eugène Dubois, vorbehalten sein; ermutigt und begeistert von Rudolf Virchows verheißenden Worten gab er seine akademische Laufbahn auf und verpflichtete sich 1887 als Militärarzt nach Niederländisch-Indien, um dort, auf jenen tropischen Inseln des Malaiischen Archipels, den Affenmenschen zu suchen und zu finden.

Es ist der wohl erstaunlichste unter den oft abenteuerlichen Fundberichten über den vorzeitlichen Menschen, wie Eugène Dubois im Sommer 1891 am steilen, linksseitigen Ufer des Solo bei Trinil, weitab im Inneren Javas, etliche fossile Knochen und Zähne aufspürte und dort mit planmäßigem Graben begann. Schon nach wenigen Wochen des Forschens konnte der vom Erfolg Überzeugte inmitten zahlreicher Reste einer vergangenen Tierwelt ein Schädeldach und im August des folgenden Jahres – die Grabungen mußten während der Regenzeit eingestellt werden – ein linkes Oberschenkelbein bergen, jene Funde,

Bild 110. Eugène Dubois (1858–1940). Militärarzt in Niederländisch-Indien und Entdecker des Affenmenschen von Trinil auf Java.

Bild 111. Das im Oktober 1891 am linksseitigen Ufer des Solo aufgedeckte und zum Typus gewordene Schädeldach des von Ernst Haeckel Jahrzehnte zuvor schon postulierten und Pithecanthropus genannten Affenmenschen.

Bild 112. Dank seiner vollständigen Überlieferung die aufrechte Körperhaltung des javanischen Affenmenschen bezeugendes linkes Oberschenkelbein von Trinil mit einer krankhaften Knochenwucherung am oberen Schaftende.

welche den Affenmenschen erweisen sollten. Bewußt hat Eugène Dubois diesem den schon in den sechziger Jahren von Ernst Haeckel geprägten und durch dessen ,,Natürliche Schöpfungsgeschichte" verbreiteten Namen Pithecanthropus zuerkannt, ihn jedoch nicht als alalus, den Sprachlosen, sondern als erectus, den Aufrechten, bezeichnet; denn das vollständig überlieferte Femur ließ nicht daran zweifeln, ,,dass das fossile Wesen dieselbe aufrechte Gestalt besass und ebenso auf zwei Beinen ging wie der Mensch."[32] Dieser Befund, verbunden mit dem Erkennen, daß die äffisch anmutende Calotte nur ein vergleichsweise kleines Gehirn zu bergen vermochte, veranlaßte Eugène Dubois zu der seinerzeit so erregenden Aussage: ,,Pithecanthropus erectus ist die Uebergangsform, die der Entwickelungslehre zufolge zwischen dem Menschen und den Anthropoiden existirt haben musste; er ist der Vorfahr des Menschen."[33] Nun war er gefunden, der seit langem diskutierte Affenmensch, und was bislang umstrittene Behauptung war, konnte Eugène Dubois in seiner 1894 auf Java niedergeschriebenen und veröffentlichten Abhandlung mit greifbaren Stücken belegen. ,,Dem Erfinder des Pithecanthropus"[34] dies zu vermelden, säumte er nicht; es war sein erster Dank an Ernst Haeckel, dem er, auf seinen Fund weisend, später schrieb: ,,Ich möchte Ihnen aber sagen, wie glücklich ich auch bin, damit einigermaßen meinen Dank zollen zu können für den Einfluß, den Sie, namentlich durch Ihre 'Schöpfungsgeschichte', auf meine ganze Lebensrichtung ausgeübt haben"[35].

Doch als Eugène Dubois, 1895 in die Heimat zurückgekehrt, am Morgen des 21. September auf dem III. Internationalen Kongreß für Zoologie zu Leiden über seinen Pithecanthropus sprach und dessen kostbare Belege vorwies, da fehlte Ernst Haeckel, der geistige Vater und mutige Künder des Affenmenschen. Rudolf Virchow aber, der von letzterem gewiß nicht viel hielt, hatte eine anthropologische Exkursion nach Dalmatien vorzeitig verlassen und trotz seines Alters die weite Reise in die Niederlande nicht gescheut, um der mit Spannung erwarteten Sitzung zu präsidieren. Vor 102 Hörern – ein für Sektionsvorträge ungewohnter Andrang – gab Eugène Dubois einen knappen Bericht über seine im Auftrag der Niederländisch-Indischen Regierung 1890 begonnenen Forschungen auf Java, über Fundort und Fundlager des Pithecanthropus; erneut betonte er die Gleichaltrigkeit wie das Zusammengehören von Schädeldach und Oberschenkelbein, deren Beschreibung er im Vorjahre gegeben hatte. Vor allem aber suchte er, inzwischen erhobene Einwände zurückweisend, die interessiert lauschenden Forscher aus der Alten wie Neuen Welt davon zu überzeugen, was in der Ankündigung seines Vortrags bereits als Aussage vorweggenommen war: „Pithecanthropus erectus, eine menschenaehnliche Uebergangsform"!

Gewichtigen Zuspruch sollte Eugène Dubois von Othniel Charles Marsh, dem so erfolgreichen Wirbeltier-Paläontologen der Yale University, erhalten, der nach sorgsamer Prüfung der Funde die Entdekkung des Pithecanthropus als ein Ereignis von größter Bedeutung für die wissenschaftliche Welt erkannte. Aber auch Widerspruch wurde laut; einige wiesen die Reste Affen zu, andere zögerten nicht, sie als menschlich zu bezeichnen. Rudolf Virchow dagegen vermeinte, zwar stamme das Schädeldach gewiß von einem großen Affen, der mit dem Gibbon in Beziehung gebracht werden könne, das Oberschenkelbein aber sei, obschon mit erheblichem Vorbehalt, als menschlich ansprechbar. Hierfür zeuge die krankhafte Knochenwucherung am oberen Schaftende, welche ihn voreilig behaupten ließ: „Die Länge des Leidens, die Schwere desselben und die trotzdem erfolgte Heilung zeigen deutlich an, daß das Individuum während einer geraumen Zeit keine größeren Bewegungen ausgeführt haben kann. Bei einem Menschen würde man sagen können, daß er lange krank gelegen und eine gute Pflege genossen haben müsse. Dieselbe Deutung auf einen Affen anzuwenden, liegt etwas fern. Ich muß daher anerkennen, daß dieser pathologische Zustand stark für die Annahme spricht, daß dieser

Knochen einem Menschen angehört habe."[36] Nicht genug, daß derart die Zugehörigkeit von Calotte und Femur zum nämlichen Wesen in Frage gestellt wurde, auch das Alter der Gebeine – der Ausgräber sprach von der Wende Tertiär zu Quartär – fand keine einhellige Beurteilung. Der Zweifel waren bald so viele, daß der Berliner Paläontologe Wilhelm Dames sie 1896 zusammenzufassen und zu werten suchte und schon ihretwegen meinte, Eugène Dubois beipflichten zu müssen; denn bringt eine solche Vielzahl der Meinungen „sonst wohl Unsicherheit und Schwanken mit sich, so kann sie hier geradezu als starke Stütze der Uebergangsnatur von Pithecanthropus verwerthet werden"[37], und „sie zeigt, wie die Gesammtheit des Fundes weder auf einen Menschen noch auf einen Affen paßt, also mit größter Bestimmtheit auf ein zwischen beiden stehendes Wesen hinweist."[38]

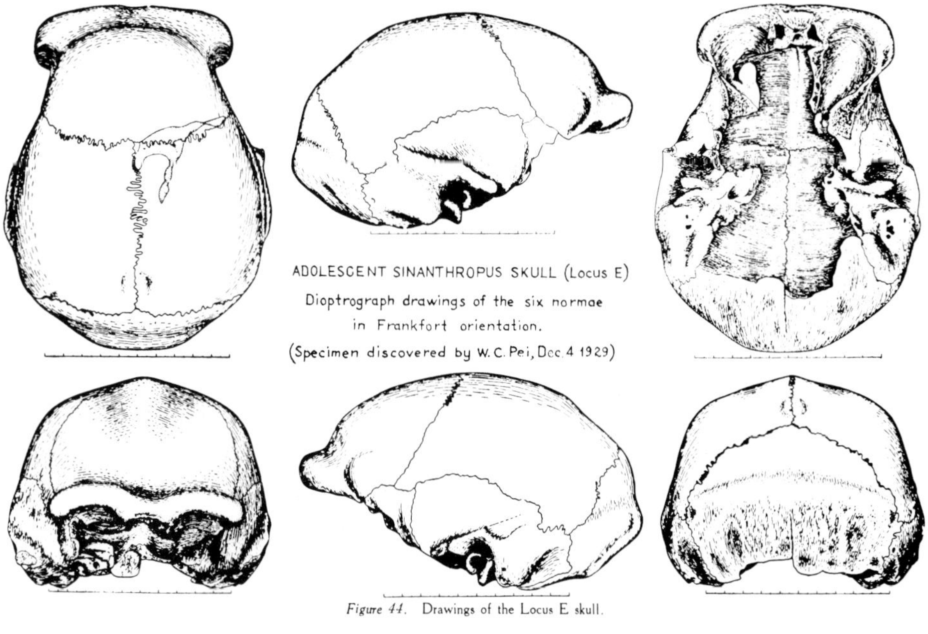

Bild 113. Bei den langjährigen Grabungen unter Davidson Black bei Choukoutien südwestlich von Peking im Dezember 1929 zutage gekommener Schädel eines dem javanischen Pithecanthropus nahestehenden chinesischen Frühmenschen.

Diese Ansicht, bestärkt und bekräftigt durch eingehende Studien Gustav Schwalbes, hoffte man an neuen Belegen prüfen zu können, doch blieb den Unternehmen zu Beginn dieses Jahrhunderts der Erfolg versagt. Ein Besuch der Fundstelle bei Trinil durch den Breslauer Anthropologen Hermann Klaatsch brachte diesem allein den Keim der tödlichen Krankheit ein, der er im besten Mannesalter erlag. Und der Münchener Zoologe Emil Selenka verstarb während der Vorarbeiten zu einer von ihm geplanten Fahrt an den Solo, welche als Trinil-Expedition 1907 und 1908 dank der Tatkraft seiner Frau dennoch verwirklicht wurde. Die neuerlichen Grabungen förderten eine reiche Ausbeute an Resten der einstigen Flora und Fauna zutage, deren Bearbeitung Einblick in die Umwelt wie Hinweis auf die Zeitstellung des Pithecanthropus gab. Dieser selbst aber blieb verborgen, bis sich dann zu Anfang der dreißiger Jahre bei einer Durchsicht der alten, von Eugène Dubois veranlaßten Aufsammlungen etliche Bruchstücke weiterer Oberschenkelbeine fanden. Sie erwiesen, daß im Fundlager am Solo Reste mehrerer Urmenschen eingebettet waren, und ließen den alten Streit, ob Calotte und Femur vom gleichen Individuum stamme oder nicht, gegenstandslos werden. Damit endet der Beitrag Eugène Dubois' zur Erforschung seines Pithecanthropus; denn er hat es unterlassen, nochmals nach Java zurückzukehren und nach weiteren Belegen zu graben. Statt dessen begann er, ,,seine wenigen Funde mit Theorien zu überladen“[39], und, so berichtet Gustav Heinrich Ralph von Koenigswald, da ,,er mit seinen Ideen keine allgemeine Anerkennung fand, zog er sich grollend zurück, wurde mißtrauisch, menschenscheu, eigenartig“[40] – der Pithecanthropus war ihm zum Schicksal geworden.

Vormenschen oder Praeanthropi – Ein Kinderschädel aus Südafrika

Zeugnisse der großen Schritte in der Menschheit Entwicklung fanden sich zunächst ausschließlich in Europa und im fernen Asien: Neandertal 1856, Cro-Magnon 1868 und Trinil 1891 waren zu klassischen Fundstätten geworden. Spät erst kam Afrikas Beitrag, und zudem mit einem lange verkannten Fund. Anlaß zu dessen Entdeckung sollte der

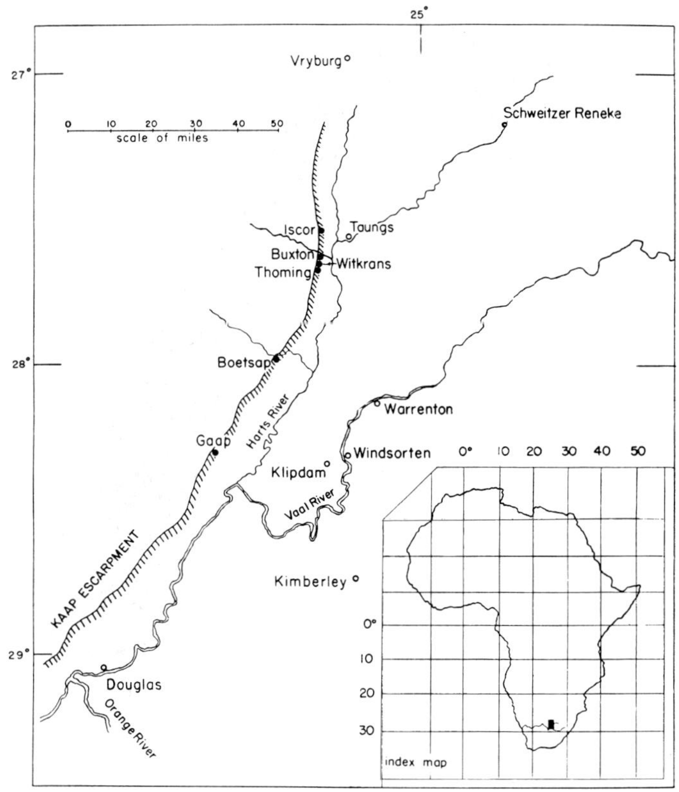

Bild 114. Kaap Escarpment bei Buxton nahe Taungs nördlich von Kimberley an der Stätte des 1924 zutage getretenen Erstfundes eines Angehörigen des im südlichen und östlichen Afrika durch zahlreiche Folgefunde so gut belegten Vormenschen.

Schädel eines vorzeitlichen Pavians geben, der Raymond Arthur Dart, dem Anatomen an der Johannesburger Universität, im Jahre 1924 von einer Studentin vorgelegt wurde; denn der junge Professor sah in ihm den ersten Nachweis fossiler Affen im südlichen Afrika – ein gewiß erregender Beleg aus einem Kalksteinbruch in Buxton, wenige Kilometer südwestlich von Taung im Betschuanaland. Den Fundort in der folgenden Woche schon aufzusuchen und dort nach Fossilien zu fahnden, erbot sich der Geologe Robert Burns Young, nicht ahnend, daß er damit an dem Erschließen des noch unbekannten weiten Feldes zwischen Tier und Mensch teilhaben würde.

Die weiteren Ereignisse seien mit Raymond Arthur Darts eigenen Worten – entnommen seinem Bericht „Cultural Status of the South African Man-Apes" – wiedergegeben. „In Buxton angekommen, erfuhr Professor Young, daß in der letzten Woche ein Bergarbeiter, M. de Bruyn, eine Anzahl fossilhaltiger Gesteinsstücke hereingebracht hatte, die in der vorhergehenden Woche ausgesprengt worden waren. Als sie nach Johannesburg kamen, fand ich unter ihnen den trefflich vollständigen Abguß des Inneren eines Schädels. Dieser Gehirnabguß war so groß wie derjenige eines starken Gorillas; und glücklicherweise paßte er am Vorderende an ein anderes Gesteinsstück, aus dem allmählich das vollständige Gesichtsskelett eines nur etwa fünf oder sechs Jahre alten Kindes zum Vorschein kam, welches erstaunlich menschlich aussah. Es war das erste Mal, daß jemand das Vorrecht genoß, von einem der ausgestorbenen affenähnlichen Verwandten des Menschen das vollständige Gesicht zu sehen und den ganzen Kopf genau zu rekonstruieren. Das Gehirn war so groß und das Gesicht war so menschlich, daß ich überzeugt war, daß hier in der Tat einer unserer frühen Vorfahren vorlag, der auf dem afrikanischen Kontinent gelebt hatte; und da er den südlichen Teil von Afrika als sein Heimatland gewählt hatte, nannte ich ihn Australopithecus africanus, das heißt der südafrikanische Affe."[41]

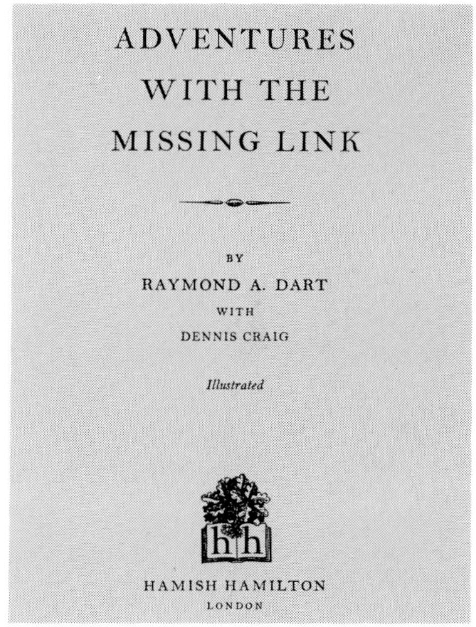
ADVENTURES
WITH THE
MISSING LINK

BY
RAYMOND A. DART
WITH
DENNIS CRAIG

Illustrated

HAMISH HAMILTON
LONDON

Bild 115. Titelseite von Raymond Arthur Darts 1959 gegebenem Bericht über seine mit dem Entdecken und Erkennen des bei Taung gefundenen kindlichen Schädels 1924 einsetzenden Abenteuer mit dem Vormenschen.

Bild 116. Der erfolgreiche Erforscher des südafrikanischen Vormenschen Raymond Arthur Dart im Jahre 1925 mit dem von ihm Australopithecus africanus benannten Kinderschädel von Taung im Betschuanaland nördlich des Vaal.

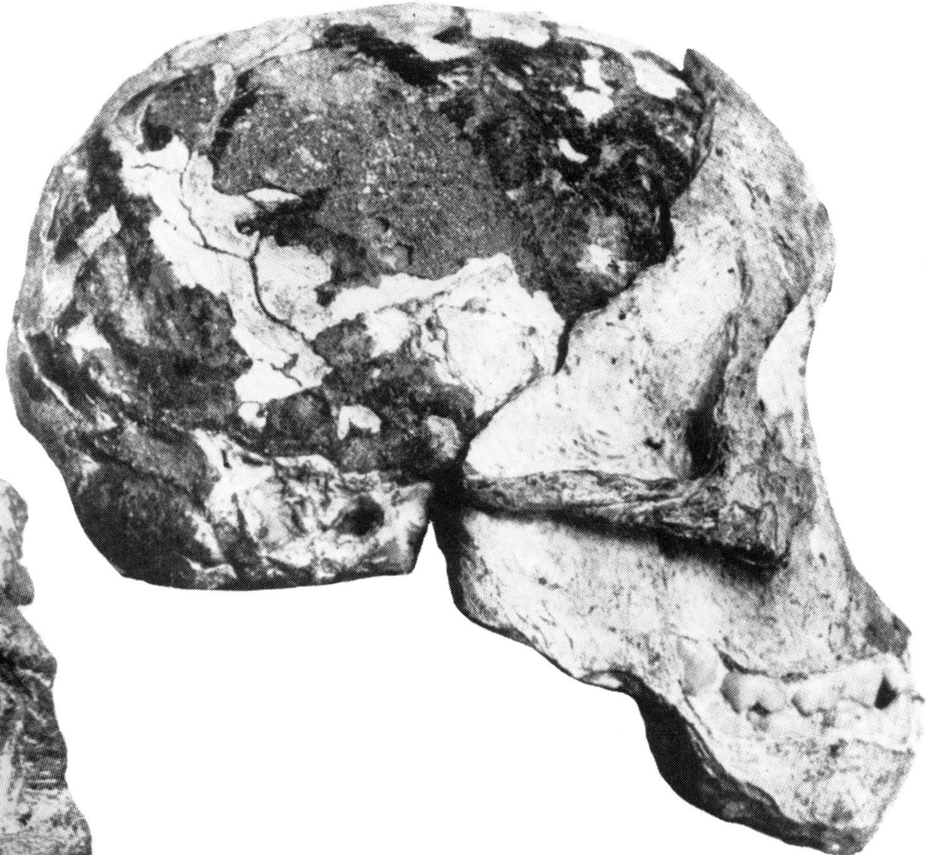

Bild 117 + 118. Bei Steinbrucharbeiten in Buxton 1924 aus einer Höhle geförderter und an den Johannesburger Anatomen Raymond Arthur Dart gelangter fragmentarischer Schädel samt Unterkiefer eines ungefähr sechsjährigen Kindes.

Unter diesem Namen gab Raymond Arthur Dart den Schädel von Taung im Februar 1925 der Fachwelt bekannt, überzeugt, der Australopithecus africanus repräsentiere eine längst ausgestorbene Form, die zwischen den heutigen Menschenaffen und dem Menschen stehe, zu dessen noch äffischen Vorfahren sein afrikanischer Südaffe zähle. Bis solch eine Wertung des Fundes sich jedoch durchzusetzen vermochte und allgemein anerkannt wurde, sollten Jahre vergehen. Zunächst, noch im gleichen Monat, folgten erste Stellungnahmen britischer Forscher, darunter das gewichtige Urteil des Anthropologen Sir Arthur Keith. Er sprach sich für eine nahe Verwandtschaft mit Schimpanse und Gorilla aus und bekräftigte dies wenig später nach dem Studium eines Abgusses von Raymond Arthur Darts Fund, zu dem er anmerkt, seine Entdeckung werfe zwar Licht auf die Geschichte der Menschenaffen, nicht aber auf die des Menschen. Ähnlich äußerte sich der Tübinger Anthropologe Wilhelm Gieseler noch 1936, wenn er feststellt: „Der Australopithecus ist weder ein Mensch noch gehört er in die menschliche Vorfahrenreihe unmittelbar hinein.“[42] Bei einer derartigen Einschätzung ist es nicht zu verwundern, wenn in dem selbigen Jahres erschienenen, von Davidson Black angeregten Katalog der fossilen Hominiden eine Erwähnung des Fundes von Taung unterblieb.

Derart wurde Raymond Arthur Darts stammesgeschichtliche Deutung des Australopithecus africanus nahezu allenthalben abgelehnt, und dem stand zunächst nur wenig an Zustimmung gegenüber. Von besonderem Gewicht, da auf der ihm ermöglichten eingehenden Untersuchung des Schädels beruhend, war der im April 1925 veröffentlichte Beitrag des als Ausgräber wie auch als Erforscher fossiler Wirbeltiere gleichermaßen erfolgreichen Arztes Robert Broom, der sich sehr bestimmt für ein Zuordnen des Fundes in die menschliche Vorfahrenreihe, und zwar geradezu als Bindeglied zwischen höheren Affen und niedersten Menschen, aussprach. Um dies aber schlüssig erweisen zu können, bedurfte es weiterer, neuer Belege, und solche zu heben, machte sich Robert Broom als bald Siebzigjähriger zur Aufgabe. Erstmals wurde er 1936 in Sterkfontein, später dann in Kromdraai und in Swartkrans fündig, und was er aus diesen drei nahe benachbarten Stationen nordwestlich von Johannesburg an seinem Lebensabend zutage förderte, war mehr als genug, um im Südaffen den Vormenschen zu erkennen.

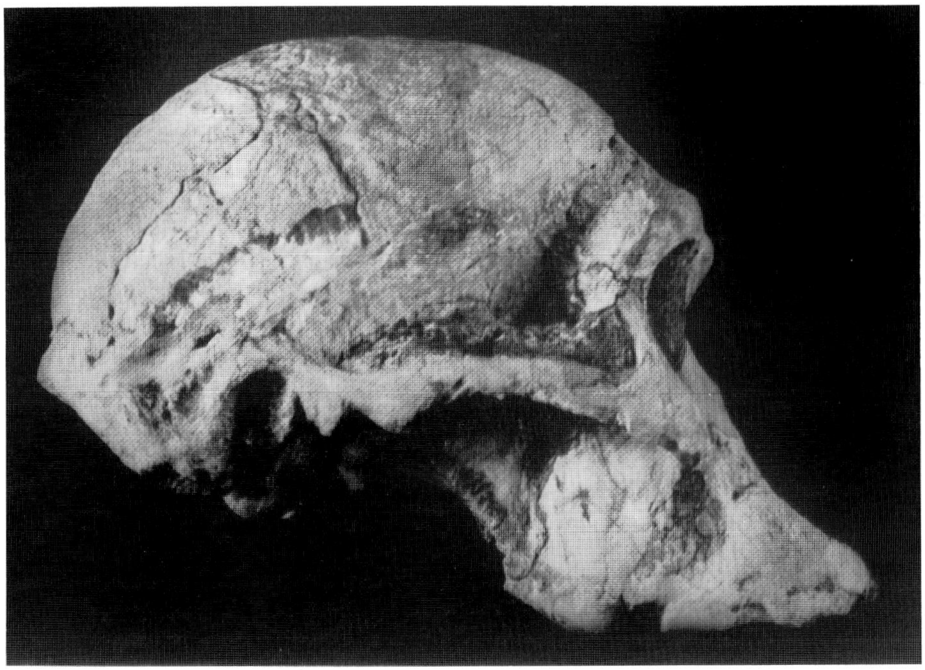

Bild 119. Im April 1947 in Sterkfontein bei Krugersdorp in Transvaal von Robert Broom und John Talbot Robinson geborgener weiblicher Schädel eines zu Australopithecus africanus gehörenden Vormenschen.

Des Menschen Stammesgeschichte im Überblick

Der Mensch und seine Verwandten – Affen im Umfeld der Menschwerdung

Die Entwicklung vom Affen zum Menschen

In der Ordnung Primates oder Herrentiere wird gemeinhin die Gruppe der fortschrittlicheren Affen, der Simiae, jener der ursprünglicheren Halbaffen, der Prosimiae, gegenübergestellt. Deren fossile Belege reichen bis an die Wende vom Erdmittelalter zur Erdneuzeit zurück und bezeugen eine Herkunft der Halbaffen – und damit der Herrentiere insgesamt – von Insektenfressern. Eine solche Abstammung bekräftigen auch die südostasiatischen Tupaias oder Spitzhörnchen, welche, als lebende Fossilien angesprochen, den Insectivora noch sehr nahe stehen, weit näher jedenfalls als Lemuren und Loris sowie Tarsier oder Koboldmakis. Aus der formenreichen Gruppe der Prosimiae gingen bereits in alttertiärer Zeit die beiden Zweige der Simiae, die neuweltlichen Breitnasenaffen und die altweltlichen Schmalnasenaffen, hervor. Erstere leben in Süd- und Mittelamerika, letztere sind von Ostasien bis West- und Nordafrika noch weit verbreitet, in Europa jedoch – abgesehen von den Makaken auf dem Felsen von Gibraltar – nur fossil belegt. Unter den nicht gerade häufigen Funden vorzeitlicher Altweltaffen kommt jenen besondere Bedeutung zu, die man als Dryopithecinae jungtertiären Alters zusammenzufassen vermag und als gemeinsame Stammgruppe der Menschenaffen wie der Menschen betrachten kann.

Tabelle 6. Überblick über die Gruppen der Herrentiere oder Primaten.

Ordo	Ordnung	PRIMATES	HERRENTIERE
Subordo	Unterordnung	Prosimiae	Halbaffen
Infraordo oder Suprafamilia	Teilordnung oder Überfamilie	Tupaiiformes oder Tupaioidea	Tupaias oder Spitzhörnchen
Infraordo oder Suprafamilia	Teilordnung oder Überfamilie	Lemuriformes oder Lemuroidea	Lemuren und Fingertiere
Infraordo oder Suprafamilia	Teilordnung oder Überfamilie	Lorisiformes oder Lorisoidea	Loris und Buschbabys
Infraordo oder Suprafamilia	Teilordnung oder Überfamilie	Tarsiiformes oder Tarsioidea	Tarsier oder Koboldmakis
Subordo	Unterordnung	Simiae	Affen
Infraordo Suprafamilia	Teilordnung Überfamilie	Platyrrhina Ceboidea	Breitnasenaffen Neuweltaffen
Infraordo Suprafamilia Suprafamilia Familia Familia Familia	Teilordnung Überfamilie Überfamilie Familie Familie Familie	Catarrhina Cercopithecoidea Hominoidea Hylobatidae Pongidae Hominidae	Schmalnasenaffen Altweltaffen Menschenähnliche Gibbons Menschenaffen Menschen

Bild 120. Evolution der Primaten im Überblick. Grundzüge der stammesgeschichtlichen Entwicklung innerhalb der Herrentiere oder Primaten vom Beginn der Erdneuzeit bis zur Gegenwart während eines Zeitraums von 65 Millionen Jahren. ▶

Entwicklung der Herrentiere

Bereich B III ❽

⊛ TMÜ oder Tier-Mensch-Übergangsfeld im jüngeren Tertiär der Alten Welt

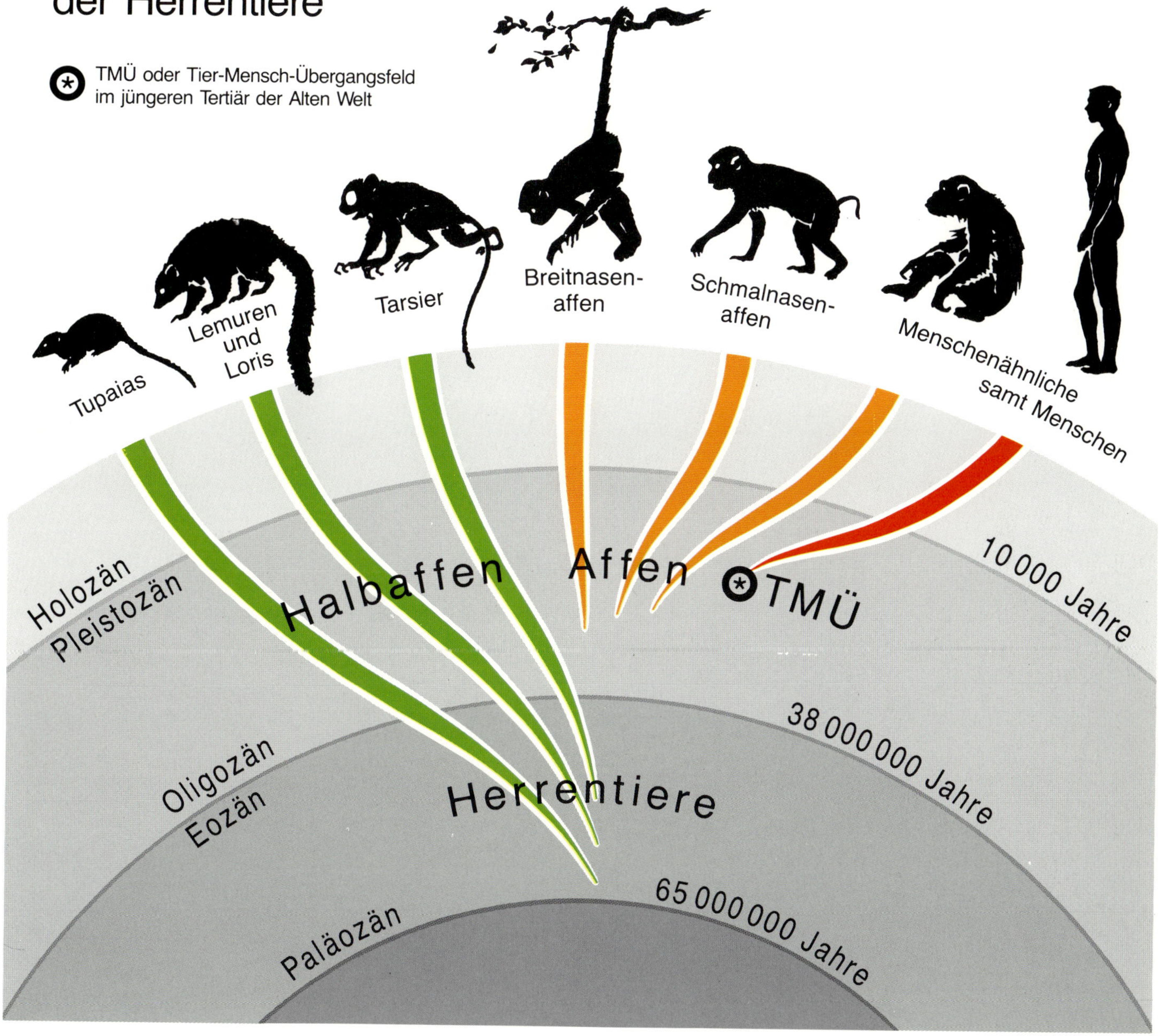

Bereich B III ❾

Des Menschen Stammesgeschichte im Überblick

Die Menschheit im Eiszeitalter – Übersicht der leiblichen Entwicklung

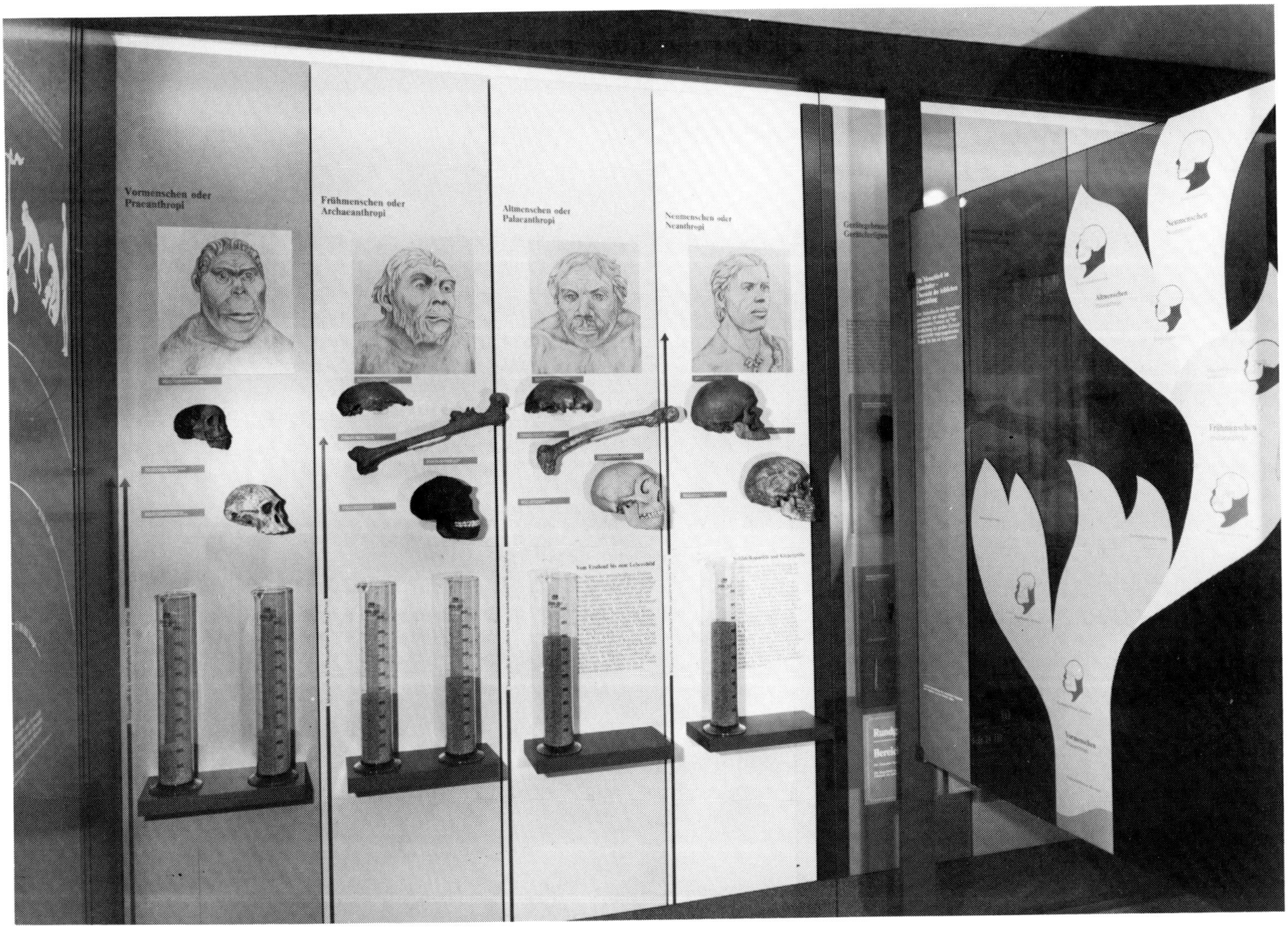

Bild 121. Bereich B III mit dem Blick auf Nummer 9 des Rundgangs.

Vom Erstfund bis zum Lebensbild

Die Namen der unterscheidbaren Formen fossiler Menschen sind und bleiben gemäß den internationalen Regeln der zoologischen Nomenklatur unauflösbar mit den erstmals beschriebenen sowie benannten und zum Typus erhobenen Funden verbunden, die derart zum weltweit verbindlichen Richtmaß werden, welches die Anwendung eines wissenschaftlichen Namens festlegt. Entspricht dieser den Regeln, so ist er legitim, kann gültig werden, und dies selbst dann, wenn sich sein Sinngehalt als unzutreffend erweisen sollte. Kontinuität, Beständigkeit, ist das Gebot, deshalb auch vermögen weitere Funde in besserem Erhaltungszustand und größerer Vollständigkeit den Typus nicht zu ersetzen oder in seinem Wert als Richtmaß zu schmälern. Sie erlangen jedoch dadurch Bedeutung, daß sie die vielfach zunächst recht dürftige Kenntnis einer Form bereichern, erweitern und vertiefen sowie die Möglichkeit eröffnen für den Versuch, aus den überkommenen Bruchstücken das einstige Ganze bis hin zu einem Lebensbild wiedererstehen zu lassen.

Schon seit über einem Jahrhundert müht man sich, das Aussehen vorzeitlicher Menschen zu ergründen, und davon zeugt eine Vielzahl von Nachbildungen recht unterschiedlicher Wertigkeit; nur wenigen kommt eine gewisse Verbindlichkeit zu, und unter diesen verdienen die des russischen Prähistorikers und Anatomen Michail Michailowitsch Gerassimow besondere Beachtung. Er spürte in jahrzehntelangem Bemühen die Abhängigkeit des menschlichen Gesichtes vom Schädel auf, erkannte Gesetzmäßigkeiten, entwickelte ein Verfahren und erwarb die Fähigkeit, das Antlitz eines Menschen in seiner individuellen Eigenart allein aus dem Schädel zu erschließen und zu gestalten.

Seine Nachbildungen des Gesichtes auf dem Schädel – abgesichert durch zahlreiche Kontrollversuche an heutigen Menschen – erfolgen in

A.H.S.

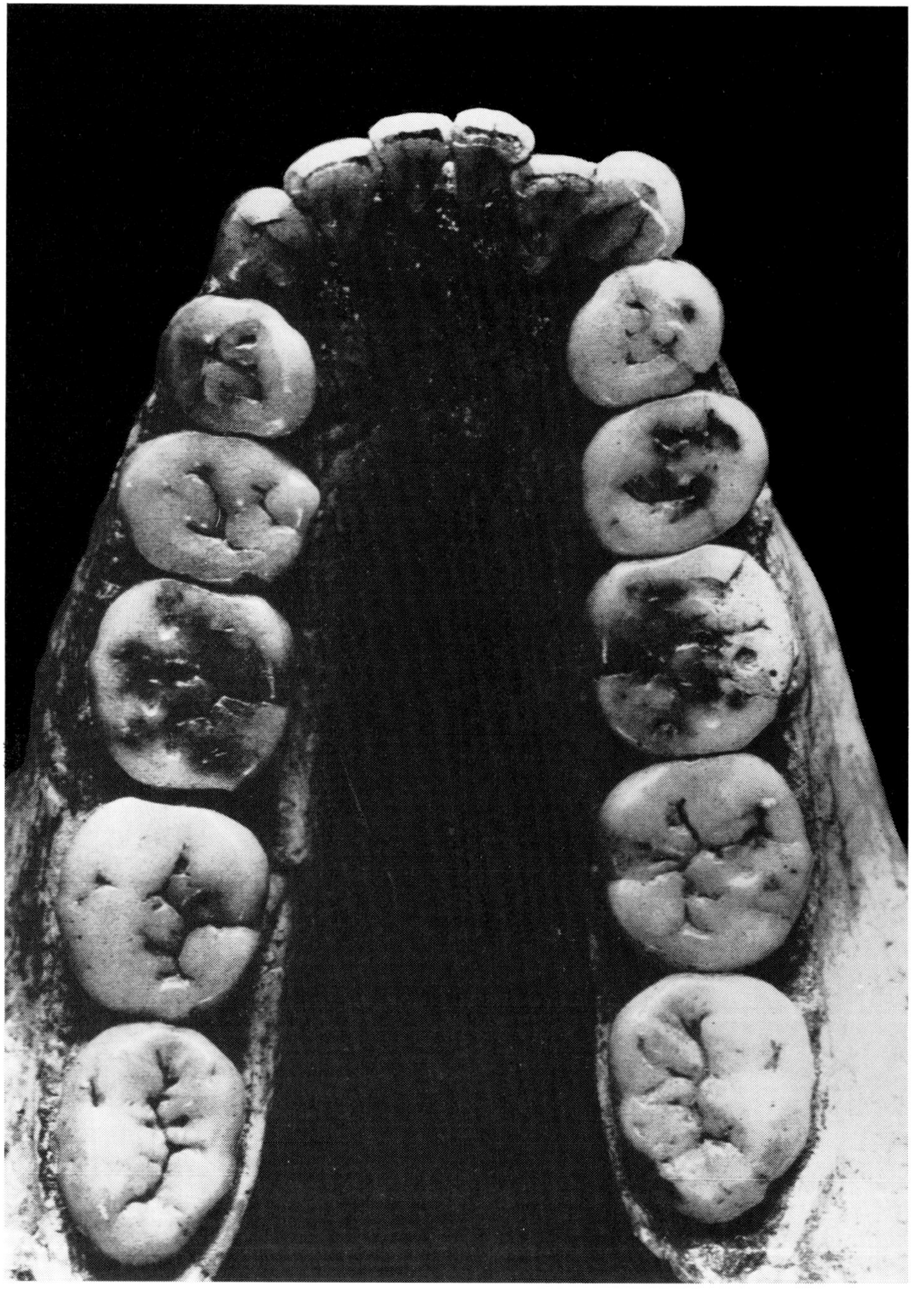

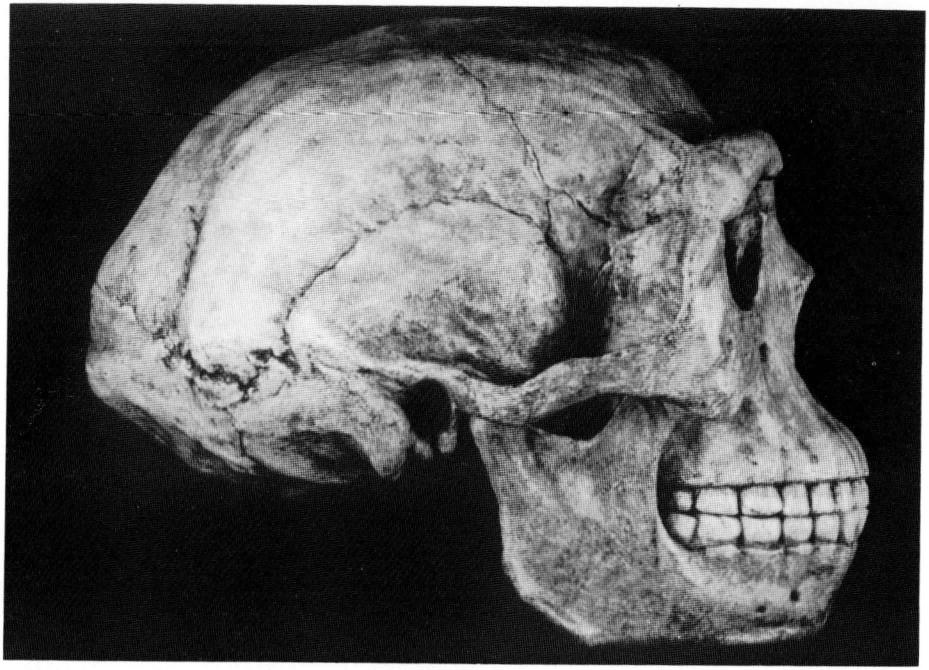

◀ *Bild 122.* Das Antlitz eines Vormenschen von Sterkfontein bei Krugersdorp nach Michail Michailowitsch Gerassimow. Gestaltet auf einem weiblichen Schädel des Australopithecus africanus.

◀ *Bild 123.* Das Antlitz eines Vormenschen von Sterkfontein bei Krugersdorp nach Adolph Hans Schultz.

◀ *Bild 124.* Das Gebiß eines Vormenschen von Swartkrans bei Krugersdorp am Beispiel eines 1950 geborgenen und als weiblich angesprochenen Unterkiefers des Paranthropus robustus.

Bild 125. Der Schädel eines Frühmenschen von Choukoutien bei Peking in Franz Weidenreichs Ergänzung nach Funden vom ostasiatischen Pithecanthropus pekinensis.

Bild 126. Das Antlitz eines Frühmenschen von Choukoutien bei Peking nach Michail Michailowitsch Gerassimow. Gestaltet auf einem männlichen Schädel des Pithecanthropus pekinensis.

Bild 127. Das Antlitz eines Frühmenschen von Choukoutien bei Peking nach Adolph Hans Schultz.

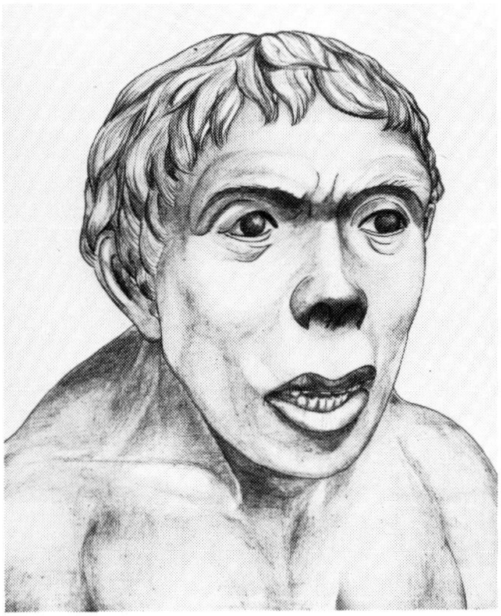

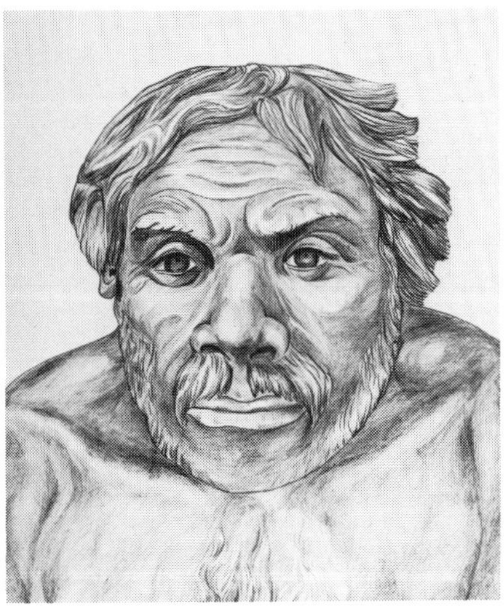

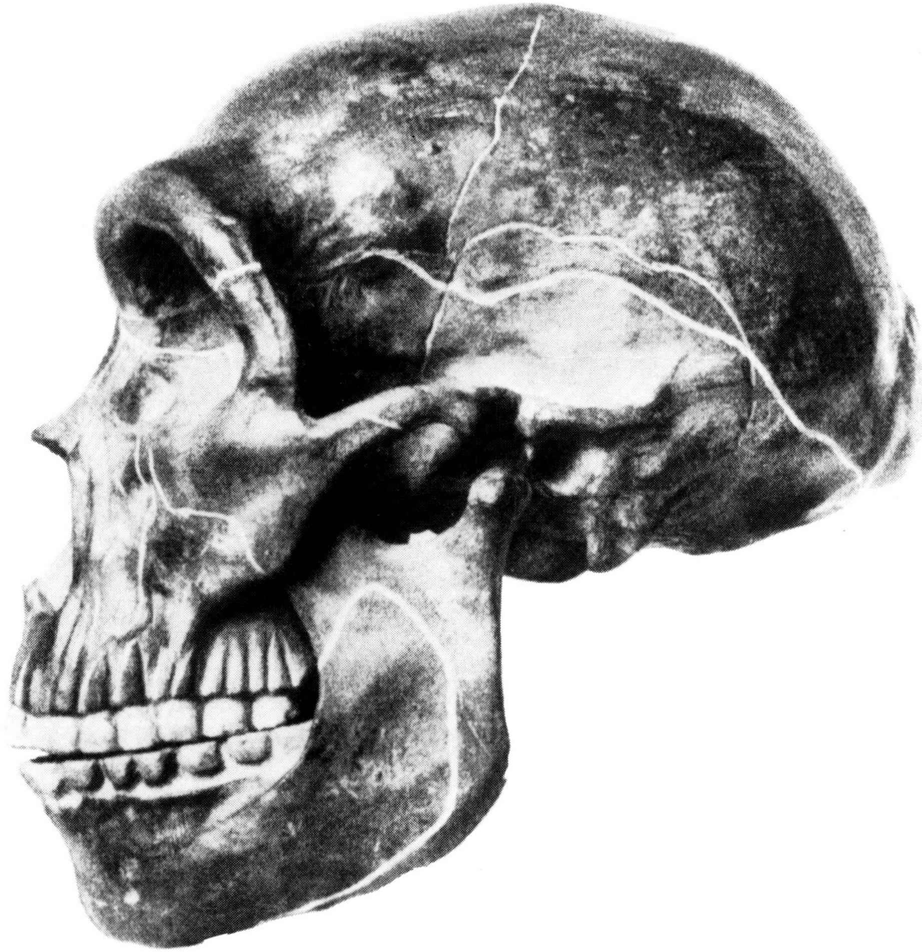

Bild 128. Das Antlitz eines Altmenschen von Le Moustier bei Les Eyzies de Tayac nach Michail Michailowitsch Gerassimow. Gestaltet auf dem männlichen Schädel eines Homo neanderthalensis.

Bild 129. Das Antlitz eines Altmenschen von La Chapelle-aux-Saints bei Brive nach Michail Michailowitsch Gerassimow. Gestaltet auf dem männlichen Schädel eines Homo neanderthalensis.

Bild 130. Der Schädel eines Altmenschen vom Neandertal bei Düsseldorf in Hermann Klaatschs Ergänzung nach Funden vom europäischen Homo neanderthalensis.

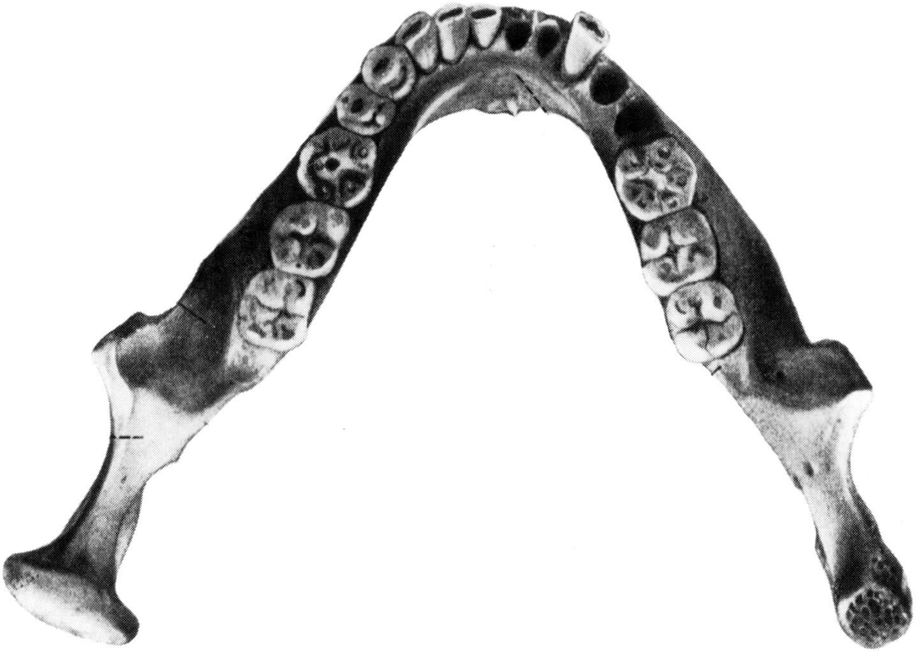

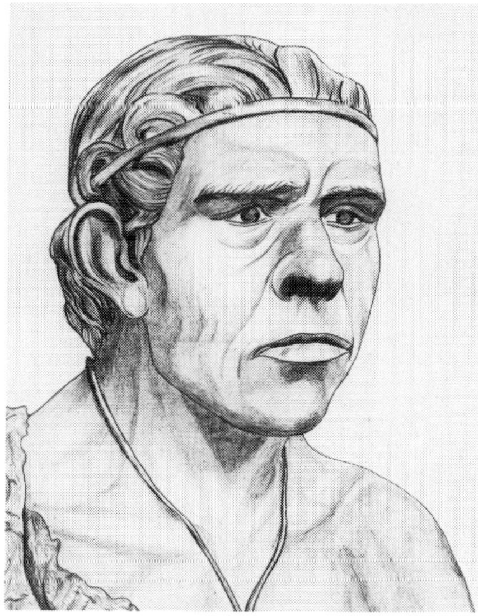

Bild 131. Das Gebiß eines Neumenschen von Oberkassel bei Bonn am Beispiel eines 1914 geborgenen und als weiblich bestimmbaren Unterkiefers des Homo sapiens.

Bild 132. Das Antlitz eines Neumenschen von Cro-Magnon bei Les Eyzies de Tayac nach Michail Michailowitsch Gerassimow. Gestaltet auf dem männlichen Schädel eines Homo sapiens.

Bild 133. Das Antlitz eines Neumenschen von Combe-Capelle bei Montferrand nach Michail Michailowitsch Gerassimow. Gestaltet auf dem männlichen Schädel eines Homo sapiens.

zwei Arbeitsgängen. Ein erster Schritt besteht in der Rekonstruktion der wichtigsten Kau- und Nackenmuskeln, der Muskeln des Schultergürtels und der Weichteile des Kopfes, die dem Antlitz sein spezifisches Gepräge verleihen. Als zweiter Schritt folgt das ungleich mühsamere Nachformen der Nase und des Mundes, der Augen und der Ohren, mühsamer deshalb, weil nur eine Summe gleichzeitiger Beobachtungen hier als Schlüssel zum Verständnis der nur schwer erkennbaren Wechselbeziehungen zwischen diesen und dem Schädel dienen kann.

Schädelkapazität und Körpergröße

Kennzeichnend für die Entwicklung der Hominiden vom tierischen Urgrund bis hin zur Gattung Homo ist vor allem die Zunahme des Gehirns und seiner Leistungen; sie wird augenfällig in der beachtlichen Vergrößerung des Gehirnschädels, des Neurocraniums, und sie ist am besten beurteilbar durch das Messen der Schädelkapazität, das Bestimmen des Hohlraumes, der beim Lebenden vom Gehirn samt den umhüllenden Häuten und der eingeschlossenen Flüssigkeit ausgefüllt wird. Folglich ist das Gehirnvolumen um einen abschätzbaren Betrag geringer als die Schädelkapazität. Diese wird, wenn möglich, mit Hilfe eingefüllter Hirse- oder Senfkörner – auch Bleischrot findet Verwendung – gemessen, kann aber ebenfalls durch die Volumenbestimmung eines Schädelausgusses festgestellt werden. Nicht selten jedoch zwingt der mehr oder weniger fragmentarische Zustand fossiler Belege, die Schädelkapazität zu berechnen, sofern die hierfür erforderlichen Maße genommen werden können, oder sich mit einer allenfalls Näherungswerte ergebenden Schätzung zu begnügen.

Die Schädelkapazität, und Entsprechendes gilt für das Gehirnvolumen, ist sowohl vom Alter als auch vom Geschlecht abhängig; im Laufe des Wachstums nimmt sie um ein Mehrfaches gegenüber der des Neugeborenen zu, und die Mittelwerte des Mannes liegen beim heutigen Menschen um 150 Kubikzentimeter und mehr über dem der Frau. Dieser sexuelle Unterschied kann, da zwischen der Schädelkapazität und der Körpergröße eine Korrelation erweisbar ist, zum Teil durch den im Mittel kleineren Wuchs der Frau erklärt werden, darüber hinaus aber darf deren geringeres Gehirnvolumen als ein sekundäres Geschlechtsmerkmal betrachtet werden.

Um die Körpergröße vorzeitlicher Hominiden zu ermitteln, ist man auf Berechnungen angewiesen, die sich indes mit ziemlicher Genauigkeit auf Grund von Längenmessungen einzelner Knochen des Skeletts beider Gliedmaßen durchführen lassen. Einzelergebnisse sollte man jedoch angesichts der beim heutigen Menschen selbst innerhalb des Normalen ungefähr 80 Zentimeter erreichenden und somit ausnehmend großen Schwankungsbreite nicht verallgemeinern. Dies gilt noch mehr für das aus der berechneten Körpergröße einzelner Fossilfunde für diese erschlossene Körpergewicht, das lediglich als eine Schätzung mit erheblichen Fehlermöglichkeiten gewertet werden darf.

Bild 134. Schädelkapazität fossiler ▶ Menschen. Zunahme des Gehirns und seiner Leistungen im Ablauf der Zeit als Kennzeichen der leiblichen Entwicklung und als Gradmesser der geistigen Entfaltung der Menschheit.

Tabelle 7. Angaben über die Schädelkapazität vorzeitlicher Menschen.

Schädelkapazität	
Australopithecus africanus	
Bereich	428–480 cm³
Mittel	441 cm³
Australopithecus habilis	
Bereich	593–684 cm³
Mittel	641 cm³
Paranthropus robustus Paranthropus boisei	
Bereich	506–530 cm³
Mittel	519 cm³
Pithecanthropus erectus erectus	
Bereich	775–1029 cm³
Mittel	906 cm³
Pithecanthropus pekinensis pekinensis	
Bereich	915–1225 cm³
Mittel	1043 cm³
Homo neanderthalensis neanderthalensis	
Bereich	1350–1723 cm³
Mittel	1564 cm³
Homo sapiens spelaeus	
Bereich	1322–1745 cm³
Mittel	1516 cm³

Tabelle 8. Angabe der ungefähren Körpergröße vorzeitlicher Menschen.

Körpergröße	
Australopithecus	
Bereich	bis ~ 145 cm
Pithecanthropus	
Bereich	bis ~ 155 cm
Homo neanderthalensis neanderthalensis	
Bereich	bis ~ 165 cm
Homo sapiens spelaeus	
Bereich	bis ~ 185 cm

Aufstieg der Menschheit

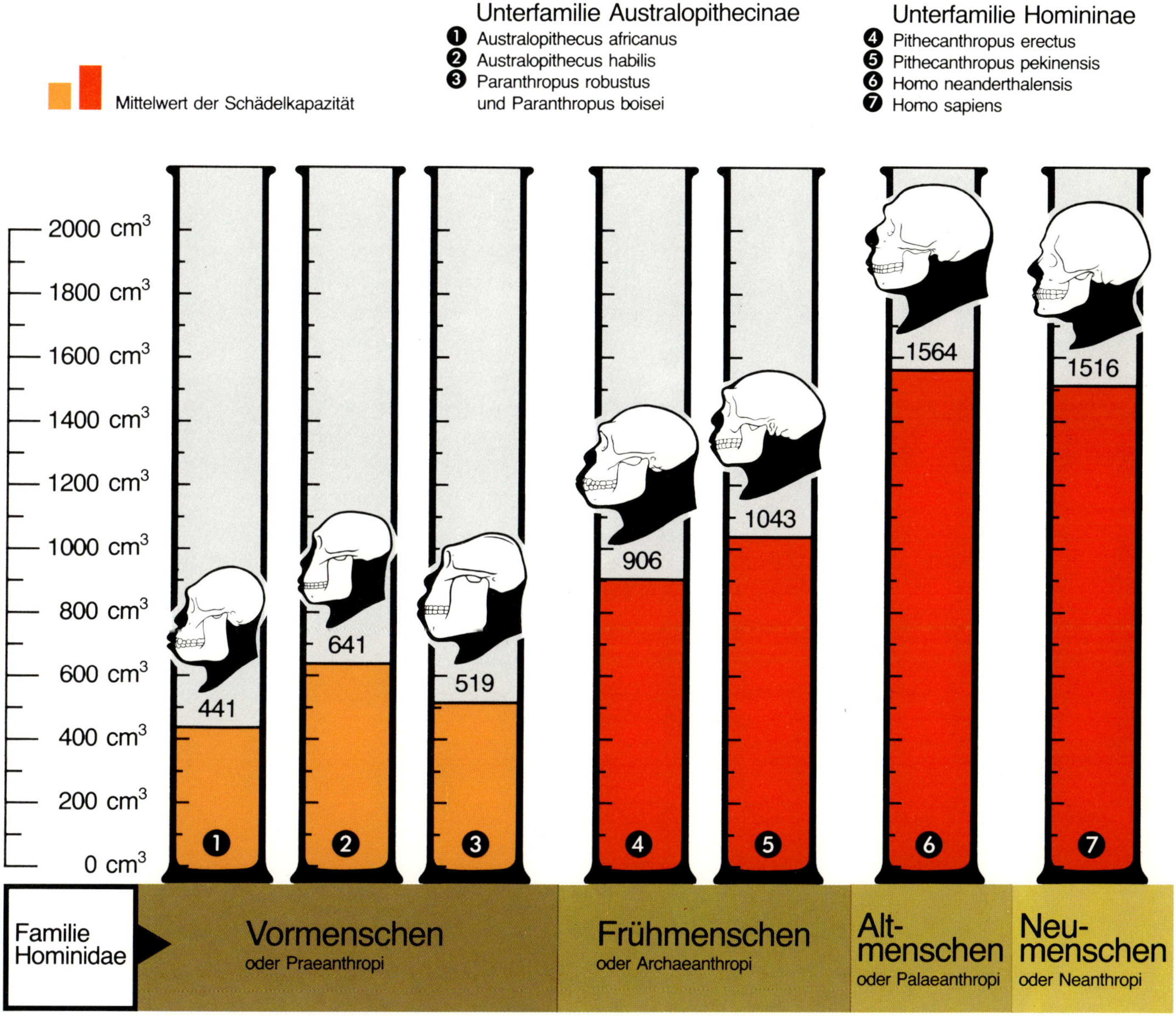

Der Stammbaum des Menschengeschlechts

Die Stammesgeschichte der eine Vielzahl an Formen umfassenden Familie der Hominidae, der Geräte schaffenden und nutzenden Menschen, wird in ihren Grundzügen im altbewährten Bilde eines Stammbaums überschaubar und verständlich darzustellen versucht. Hierbei ist eine Bescheidung auf das Wesentliche geboten, und folglich sind – abgesehen von den Skizzen einiger kennzeichnender Schädel mit einer Andeutung ihrer Weichteile – lediglich die hinlänglich unterscheidbaren großen Gruppen der Menschheit umrissen und benannt. Deren Anfänge reichen in weite zeitliche Ferne zurück, und hier finden sich die als Vormenschen bezeichneten, aus Afrika bekannten Angehörigen der Unterfamilie Australopithecinae; sie setzen ein mit dem namengebenden, grazilen Australopithecus, als dessen frühesten Vertreter man den ins ausgehende Tertiär zu stellenden Australopithecus afarensis betrachten mag, und sie führen hin zu den robusten Folge- und Endformen des Paranthropus, die mit Paranthropus boisei bis gegen die Mitte des Quartärs nachzuweisen sind. Innerhalb dieser einst reich entfalteten, jedoch längst ausgestorbenen Gruppe sind jene Glieder von besonderer Bedeutung, welche, als Australopithecus habilis zusammengefaßt, den Übergang zu der Unterfamilie Homininae anzuzeigen vermögen.

Bild 135. Entwicklung der Menschheit im Überblick. Der Stammbaum des Menschengeschlechts mit einigen kennzeichnenden Formen zur Verdeutlichung der großen Entwicklungsschritte vom ausgehenden Tertiär bis hin zur Gegenwart. ▶

Entwicklung der Menschheit

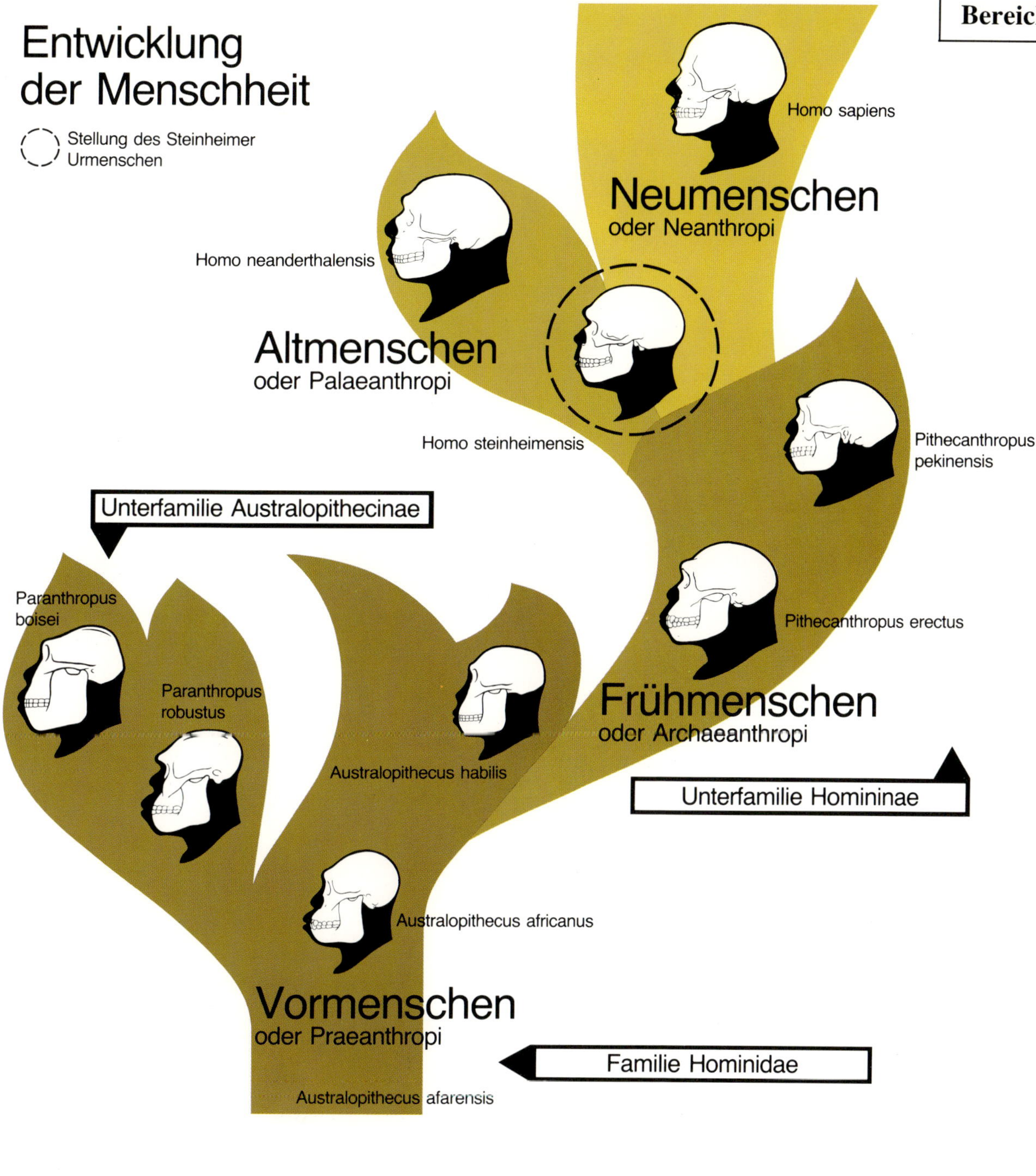

Deren erste Vertreter, die Frühmenschen, lassen eine Entwicklung über Jahrhunderttausende und eine Verbreitung von Afrika und Europa bis hin ins südliche und östliche Asien erkennen. Von dorther stammen auch die wohl bekanntesten Glieder dieser Gruppe: jene, die im Inneren Javas gesucht und gefunden, den Namen Pithecanthropus erectus erhielten, sowie deren nahe Verwandte, welche bei langjährigen, sorgfältigen Ausgrabungen unweit Pekings gehoben werden konnten und als Pithecanthropus pekinensis angesprochen werden dürfen. Ein weiterer und letzter großer Schritt in der menschlichen Evolution führt dann zu den Altmenschen mit der vorherrschenden Form des Homo neanderthalensis und zu den Neumenschen mit dem Homo sapiens des zu Ende gehenden Eiszeitalters und der nachfolgenden Jahrtausende bis hin zur Gegenwart. Nahe dem Ursprung dieser beiden sich aus gemeinsamer Wurzel entwickelnden Gruppen, dort, wo von Nachfahren progressiver Frühmenschen die Grenze zur Gattung Homo gleichsam überschritten wurde, steht der Steinheimer Urmensch. Als Homo steinheimensis repräsentiert er eine Art, deren Kennmale vom Neumenschen mehr vorwegnehmen als vom Altmenschen, eine Art also, welche die Herkunft des Homo sapiens aufzuhellen, wenn nicht zu belegen vermag.

Des Menschen Stammesgeschichte im Überblick

Die Menschheit im Eiszeitalter – Übersicht der geistigen Entfaltung

Gerätegebrauch und Gerätefertigung

Das menschliche Geschlecht erhebt sich über seine tierische Vergangenheit geradezu greifbar dank der Fähigkeit, Werkzeuge zu benutzen, um Geräte zu erschaffen. Solches bereits von Benjamin Franklin in seiner Bedeutung erkannte Tun läßt sich über Jahrhunderttausende zurückverfolgen bis zu den aus handlichen Rohstücken mit nur wenigen Schlägen zugerichteten, mit einer Schneide versehenen frühen Artefakten, den Anfängen der Kernsteingerätkulturen. Bei diesen wird, wie schon der Name besagt, der Kern des Rohstücks zum Gerät, die Abschläge aber sind Abfall. Derart entstehen sowohl die einfachsten unter den Werkzeugen und Geräten als auch – in immer größerer Vollkommenheit – die Faustkeile, welche für den dieser Tradition verhafteten Urmenschen schlechthin als kennzeichnend erachtet werden. Anderer Fertigung dagegen sind die in der älteren Altsteinzeit wurzelnden Abschlaggerätkulturen, bei denen der Kern des Rohstücks letzthin als Abfall verbleibt, die abgetrennten Abschläge aber als Werkzeuge und Geräte dienen oder durch weiteres Bearbeiten zu solchen werden. Hierher sind ebenso die Breitklingenkulturen des Neandertalers zu stellen wie auch die Schmalklingenkulturen des eiszeitlichen Homo sapiens, der es verstand, den altüberkommenen Werkstoff Stein weit besser zu nutzen und nunmehr auch Knochen und Geweihe sowie geeignet erscheinende Zähne in erheblichem Umfang zu verarbeiten. So kam es zu einer rasch zunehmenden Vielfalt an Steinwerkzeugen und Knochengeräten, und dies als Ausdruck eines erstaunlichen technischen Fortschritts während der jüngeren Altsteinzeit, zur Lebenszeit des frühen Jetztmenschen.

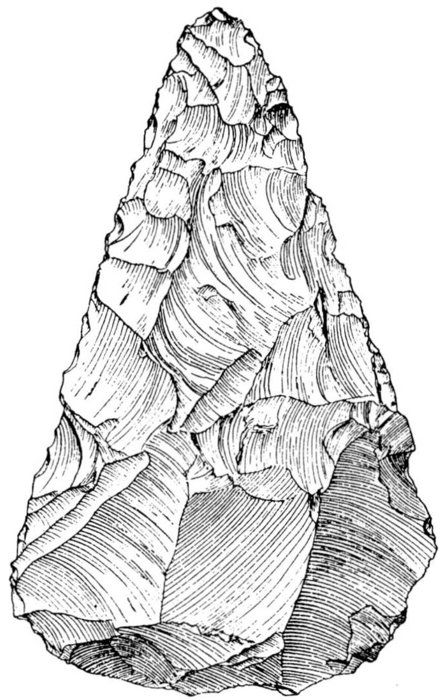

Bild 136. Faustkeil des Acheuléen von Swanscombe in England als Beispiel für ein vielseitig verwendbares Steinwerkzeug des Urmenschen im älteren Paläolithikum.

Bild 137. Aus einem Lavageröll durch wenige Schläge gefertigtes Hauwerkzeug des Oldowan aus der Schlucht von Oldoway in Ostafrika als Beleg einer frühen Kernsteingerätkultur.

Bild 138. Aus Flint sorgfältig gearbeiteter Faustkeil des Acheuléen von Swanscombe an der Themse in Kent als Beleg der weitverbreiteten Faustkeilkulturen.

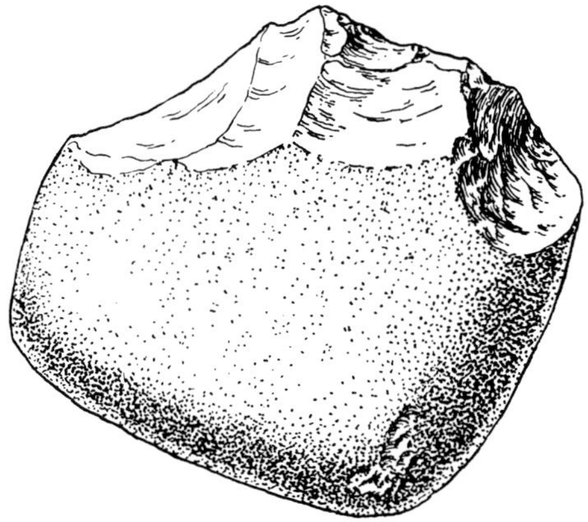

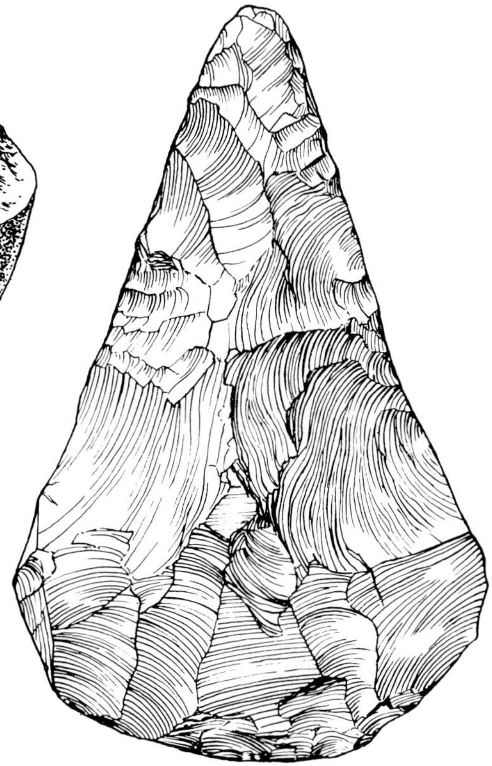

Bild 139. Den Breitklingenkulturen zugehörender Bogenschaber des Moustérien aus der von Robert Rudolf Schmidt erforschten Höhlenstation Sirgenstein bei Schelklingen im Achtal.

Bild 140. Bei Eduard Peters' Grabungen in der Höhlenstation Petersfels bei Bittelbrunn im Hegau zutage geförderter Stirnschaber der Schmalklingenkultur des Magdalénien.

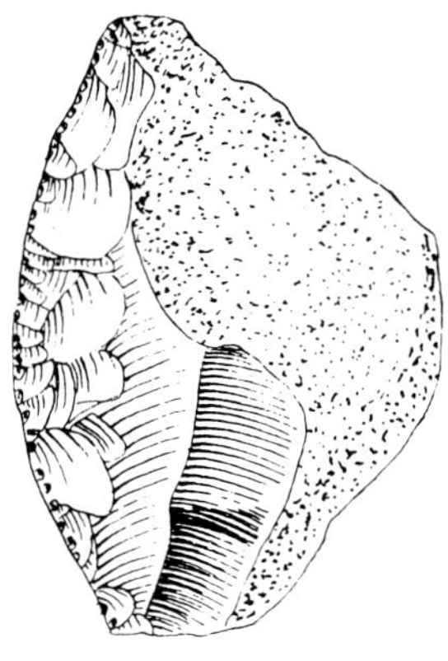

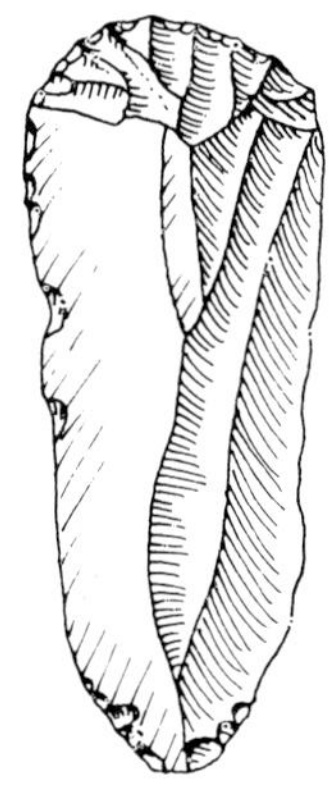

Bild 141. Knochenspitzen mit zweiseitig abgeschrägter Basis aus dem Magdalénien des von Konrad Merk erforschten Keßlerlochs bei Thayngen im Kanton Schaffhausen.

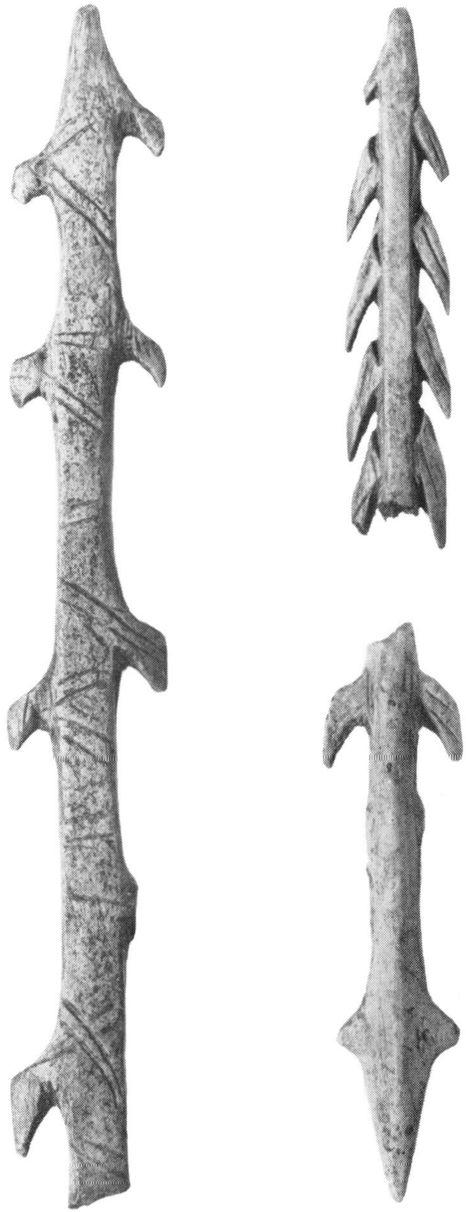

Bild 142. Harpunen mit zweireihig angeordneten Widerhaken aus dem Magdalénien des von Konrad Merk erforschten Keßlerlochs bei Thayngen im Kanton Schaffhausen.

Bild 143. Fundstätte des Pithecanthropus pekinensis als dunkle Narbe im Hang der Westberge über Choukoutien bei Peking mit unverkennbaren Brandspuren als Hinweis auf eine Feuernutzung des Frühmenschen im älteren Paläolithikum.

Feuernutzung und Feuererzeugung

Die von Davidson Black über Jahre bis zu seinem jähen Tod im März 1934 geleiteten, so erfolgreichen Grabungen bei Choukoutien südwestlich von Peking erbrachten außer Gebiß- und Skelettresten sowie Werkzeugen und Geräten des Frühmenschen auch den vielbeachteten Nachweis, daß bereits dieser das Feuer zu gewinnen und als ebenso geschätzten wie wertvollen Kulturbesitz offenbar über längere Zeiten hinweg zu bewahren verstand. Die angesengten Knochen unter dem Mahlzeitabfall dieses Jagdplatzes hoch im Norden der damaligen Ökumene lassen erkennen, daß der dort lagernde Mensch der älteren Altsteinzeit das Feuer zunächst nutzte, um seine Nahrung zuzubereiten, das Wildbret zu braten, doch dürfte er auch erfahren haben, daß die lodernden Flammen die Schrecken der Nacht zu bannen, das Raubwild vom Lager fernzuhalten vermochten.

Später erst, mit der Ausweitung des menschlichen Lebensraumes in immer unwirtlichere Gebiete, gewann das Feuer auch als Wärmespender mehr und mehr an Bedeutung, wie dies ungezählte Aschenschichten und Herdstellen in Höhlen- wie Freilandstationen hinlänglich belegen. Ferner machte man sich die Flamme des Feuers zunutze, wenn es

Bild 144. Erwerb des Feuers durch den Frühmenschen.

galt, ins Innere der Erde, tief in Höhlen vordringend, die Finsternis zu erhellen, um dort an weihevoller Stätte schöpferisch zu wirken. Dabei bediente sich der Mensch der jüngeren Altsteinzeit aus Stein gefertigter Lampen, die in einer flachen, rundlichen Aushöhlung Fett aufnahmen, das durch einen Docht zum Leuchten gebracht werden konnte. Es war nur ein schwaches, jedoch hinreichendes Licht, das diese Lampen zu spenden vermochten, deren erste schon Ende des letzten Jahrhunderts zutage kam. Solch vielfältigen Zeugnissen für eine Nutzung des Feuers stehen allenfalls Mutmaßungen darüber zur Seite, wie denn der Mensch einstmals in dessen Besitz gelangte und wann er eine Möglichkeit fand, es selbst zu entfachen, aus einem Funken eine Flamme werden zu lassen und sich deren wärmende und leuchtende Kraft jederzeit nach eigenem Willen dienstbar zu machen.

Bild 145. Des Feuers Macht in des Menschen Hand.

Bild 147. Kulturschicht der jüngeren Altsteinzeit. Brandspuren und Zeugnisse des Jagderfolgs wie der Gerätefertigung in einem 1863 von Edouard Lartet geborgenen Stück einstigen Höhlenbodens aus der Grotte des Eyzies bei Les Eyzies de Tayac in der Dordogne.

Bild 146. Feuerstelle der mittleren Altsteinzeit. Ansammlung von in Sauerwasserkalk eingebetteter Holzkohle unter dem 1935 aus den Eem-warmzeitlichen Travertinen in Stuttgart-Untertürkheim gewonnenen Fundgut.

Kulthandlung und Totenbestattung

Frühe Hinweise auf kultische Handlungen des vorzeitlichen Menschen reichen bis an die 250 000 Jahre zurück, zeigt doch der Schädel des Steinheimer Urmenschen bereits die nämliche gewaltsame Erweiterung des Hinterhauptsloches wie jener des weit jüngeren Neandertalers aus einer der Höhlen im Monte Circeo zwischen Rom und Neapel. Beider Schädel tragen zudem Spuren einstiger Gewalteinwirkung, die zum Tod geführt haben dürfte; hier wie dort wurde dann der Kopf vom Rumpf getrennt, um die Schädelbasis eröffnen und so das Gehirn entnehmen zu können. Solches aber geschah gewiß nicht einer urmenschlichen Gaumenfreude wegen, vielmehr in Befolgung eines wie auch immer gearteten, uralten Rituals, das zumindest für den innerhalb einer steinernen Umfriedung niedergelegten Schädel im Monte Circeo nicht in Zweifel gezogen werden darf.

Bild 148. Schädel eines Homo neanderthalensis in der Grotta Guattari bei San Felice Circeo südlich von Latina innerhalb einer steinernen Umfriedung als Hinweis auf eine Kulthandlung des Altmenschen im mittleren Paläolithikum.

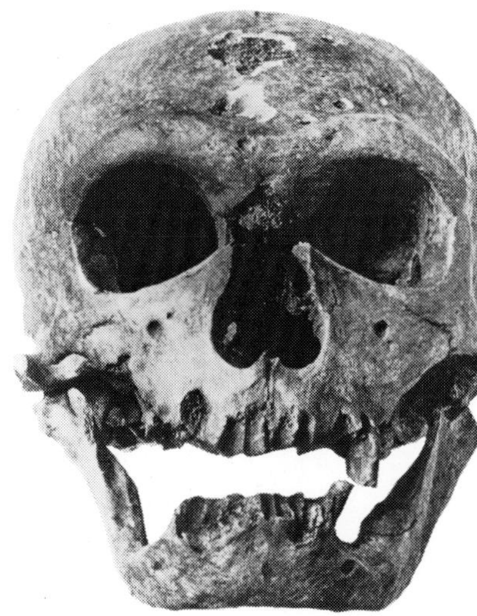

Bild 149. Schädel einer altsteinzeitlichen Bestattung. 1908 aufgedecktes männliches Skelett eines in fortgeschrittenem Alter verstorbenen und in der Höhle von La Chapelle-aux-Saints beigesetzten Neandertalers.

Bild 150. Der Tod im Bewußtsein des Altmenschen.

Vom Neandertaler liegen des weiteren etliche in ihrem Befund fraglose Bestattungen vor; vereinzelt sogar glaubte man Beigaben in den Gräbern feststellen zu können, so bei den beiden 1908 in Frankreich aufgedeckten Skeletten, dem des Jünglings von Le Moustier und jenem des Alten von La Chapelle-aux-Saints. Selbst wenn man solche Beifunde in ihrer Deutung als nicht sicher erweisbar betrachtet, so ist doch schon die Tatsache eines Begrabens der Verstorbenen ein hinlängliches, gewichtiges Indiz, daß ein Fortdauern des Lebens jenseits der Schwelle des Todes als möglich, wenn nicht als gegeben erachtet wurde. Einblick in die geistige Welt des Urmenschen vermitteln ferner solche

Bild 151. Kultische Bindung des Jägers an sein Wild.

Funde, wie sie erstmals Emil Bächler während seiner Grabungen in einigen hochgelegenen alpinen Stationen der Ostschweiz gewinnen konnte, lassen sie doch auf eine kultische Bindung des Jägers an sein Wild, an den gewaltigen Höhlenbären, schließen. Selbst bei einer zurückhaltenden Wertung der nicht wenigen inzwischen bekanntgewordenen Belege ist der seit langem so umstrittene Bärenkult zu paläolithischer Zeit schwerlich in Abrede zu stellen; wie er jedoch einstens ausgeübt worden sein mag, verhüllt das Dunkel ferner Vergangenheit.

Bild 152. Zeugen für einen Kult um den Höhlenbären. 1921 in einer Steinkiste zusammen mit einigen langen Knochen der Gliedmaßen gefundener Schädel dieses jungpleistozänen Raubtiers aus dem von Emil Bächler erforschten Drachenloch bei Vättis in der Ostschweiz.

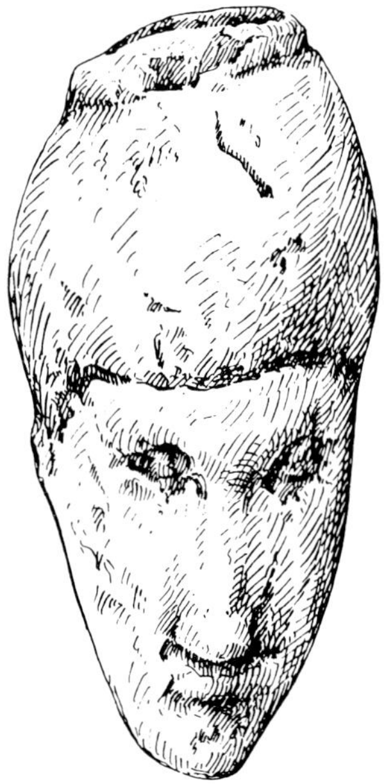

Bild 153. Skulptur aus Elfenbein von Unter-Wisternitz in Mähren als Beispiel für das erstaunlich hohe künstlerische Vermögen des Jetztmenschen im jüngeren Paläolithikum.

Kunstäußerung und Selbstdarstellung

Das Vermögen künstlerischen Erfassens und Gestaltens reicht zurück bis zum Auftreten des heutigen Menschen, des Homo sapiens, vor an die 35 000 Jahren. Erstaunlich gekonnt sind bereits die frühen Werke der Kleinkunst, so wie sie durch Gustav Rieks Grabung am Vogelherd bei Stetten ob Lontal 1931 zutage traten: Skulpturen des Jagdwildes der Mammut-Jäger des Aurignacien auf der Ostalb. Aber auch die menschliche Gestalt, und hier wieder und wieder die des weiblichen Körpers, wurde darzustellen versucht, dabei wesentlich Erscheinendes herausarbeitend, anderes vernachlässigend. Nur selten wird die Individualität eines Antlitzes sichtbar, so bei der kleinen elfenbeinernen Skulptur aus der fundreichen mährischen Station von Unter-Wisternitz. Solch meisterlichen Kleinkunstwerken mag man jene zur Seite stellen, die den Übergang zur Gerätekunst erkennen lassen, wie dies für die geschmückten, in ihrer Deutung noch immer umstrittenen Lochstäbe gilt. Beispielhaft sei der 1874 im Keßlerloch bei Thayngen ergrabene fragmentarische Lochstab mit der längst in aller Welt bekanntgewordenen Gravur des weidenden Rentiers herausgestellt – die Arbeit eines begnadeten Künstlers unter den Rentier-Jägern des Magdalénien. Weit mehr Beachtung als all die zahlreichen, zeitlich wie räumlich breit gestreuten Funde von Werken der Klein- und Gerätekunst finden jedoch die zumeist in Höhlen verborgenen Werke der in Frankreich und Spanien so eindrucksvoll und einzigartig dokumentierten Fels- oder Wandkunst; als Zeichnungen und Malereien, als Gravuren und Skulpturen schmücken sie die Kultstätten der Menschheit des ausklingenden Eiszeitalters.

Bild 154. Aus Elfenbein gefertigte Mammut-Skulptur des Aurignacien aus der 1931 von Gustav Riek erforschten Höhle im Vogelherd bei Stetten ob Lontal auf der Ostalb.

Bild 155. Aus Elfenbein gefertigte Wildpferd-Skulptur des Aurignacien aus der 1931 von Gustav Riek erforschten Höhle im Vogelherd bei Stetten ob Lontal auf der Ostalb.

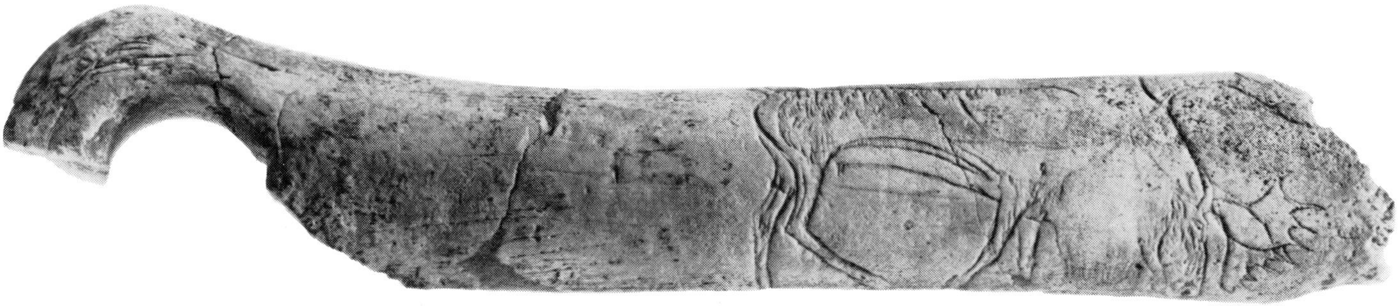

Bild 156. Auf einer Geweihstange befindliche Rentier-Gravur des Magdalénien aus dem 1874 von Konrad Merk erforschten Keßlerloch bei Thayngen im Kanton Schaffhausen.

Bild 157. Aus einem Knochenstück geschaffene Moschusochsen-Skulptur des Magdalénien aus dem 1874 von Konrad Merk erforschten Keßlerloch bei Thayngen im Kanton Schaffhausen.

Bild 158. Einer der aus Lehm geformten Bisons in der 1912 entdeckten Höhle Le Tuc d'Audoubert im Departement Ariège als Beispiel jungpaläolithischer Skulptur.

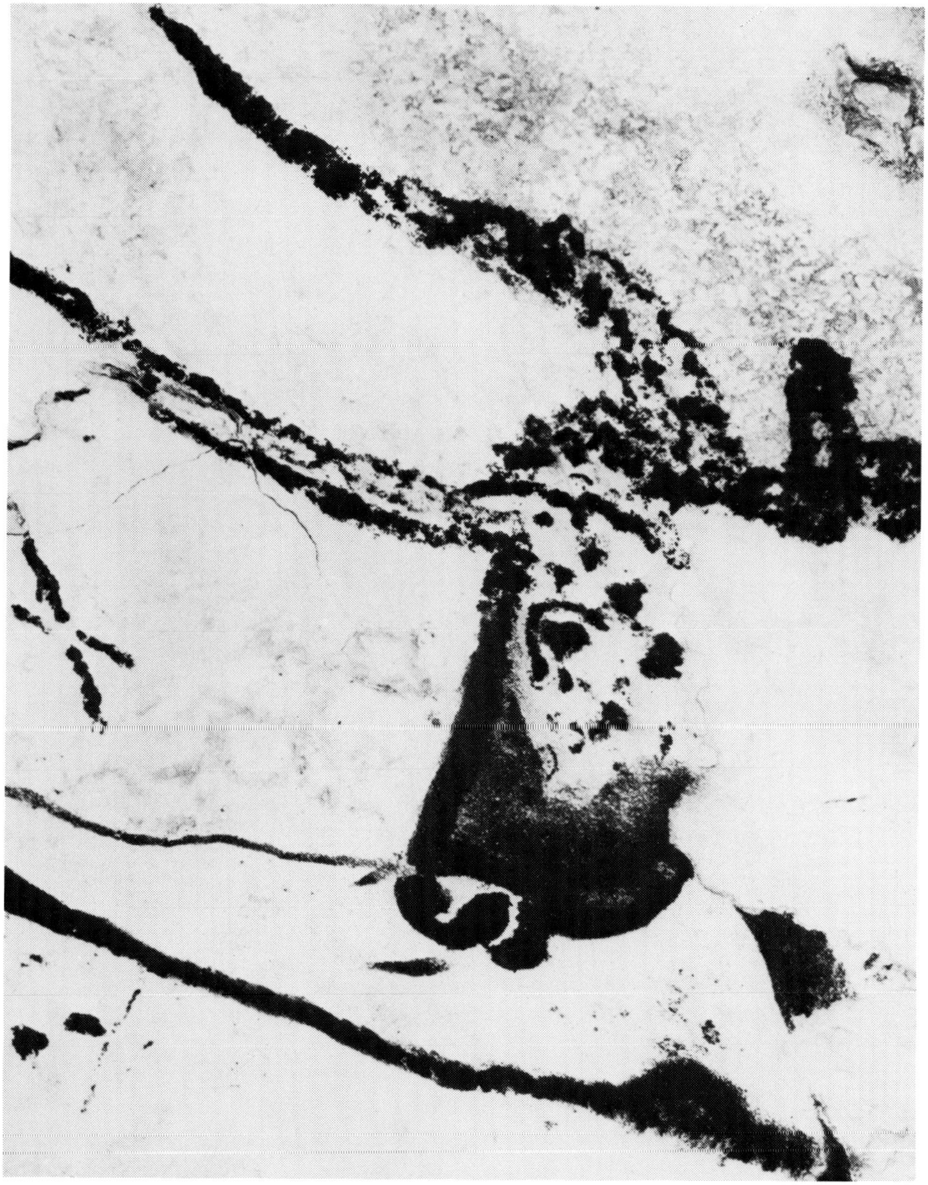

Bild 159. Einer der großen schwarzen Auerochsen in der 1940 entdeckten Höhle Lascaux im Departement Dordogne als Beispiel jungpaläolithischer Malerei.

Vom Aufstieg des Menschengeschlechts

Dem Aufgliedern der Familie Hominidae in die beiden Unterfamilien der Australopithecinae und Homininae folgt die Einteilung in Gruppen unterschiedlicher Wertigkeit. Den für diese üblich gewordenen deutschen Bezeichnungen sind die wissenschaftlichen Namen beigefügt, denen jedoch, da nicht von jenen der Typusgattungen abgeleitet, keine taxionomische Gültigkeit zukommt. An der in bewußter Vereinfachung dargestellten Abfolge von Prae- und Archaeanthropi zu Palae- und Neanthropi läßt sich die leibliche Entwicklung der pleistozänen Menschheit aufzeigen, und dieser wird ihre geistige Entfaltung anzufügen und zuzuordnen versucht. Als entscheidend für das Bewältigen der Umwelt werden das Gebrauchen und Fertigen von Gerät sowie das Nutzen und Erzeugen von Feuer herausgestellt. Diesen schon früh im altsteinzeitlichen Protolithikum erworbenen Fähigkeiten schließen sich weitere Zeugnisse menschlicher Geistigkeit an: Mit Wildbeutern der Gattung Homo treten erste Hinweise auf Kulthandlung und Totenbestattung auf, und die spezialisierten und differenzierten Jägerkulturen des Homo sapiens bringen in der nachfolgenden Entwicklungsphase des Miolithikums das Aufblühen der eiszeitlichen Kunst sowie das Bestreben und Vermögen des Menschen, sich selbst darzustellen.

Bild 160. Entfaltung der Menschheit im Überblick. Der Aufstieg des Menschengeschlechts von frühen Wildbeuterkulturen im Protolithikum bis zu den spezialisierten und differenzierten Jägerkulturen im Miolithikum des späten Eiszeitalters. ▶

Entfaltung der Menschheit

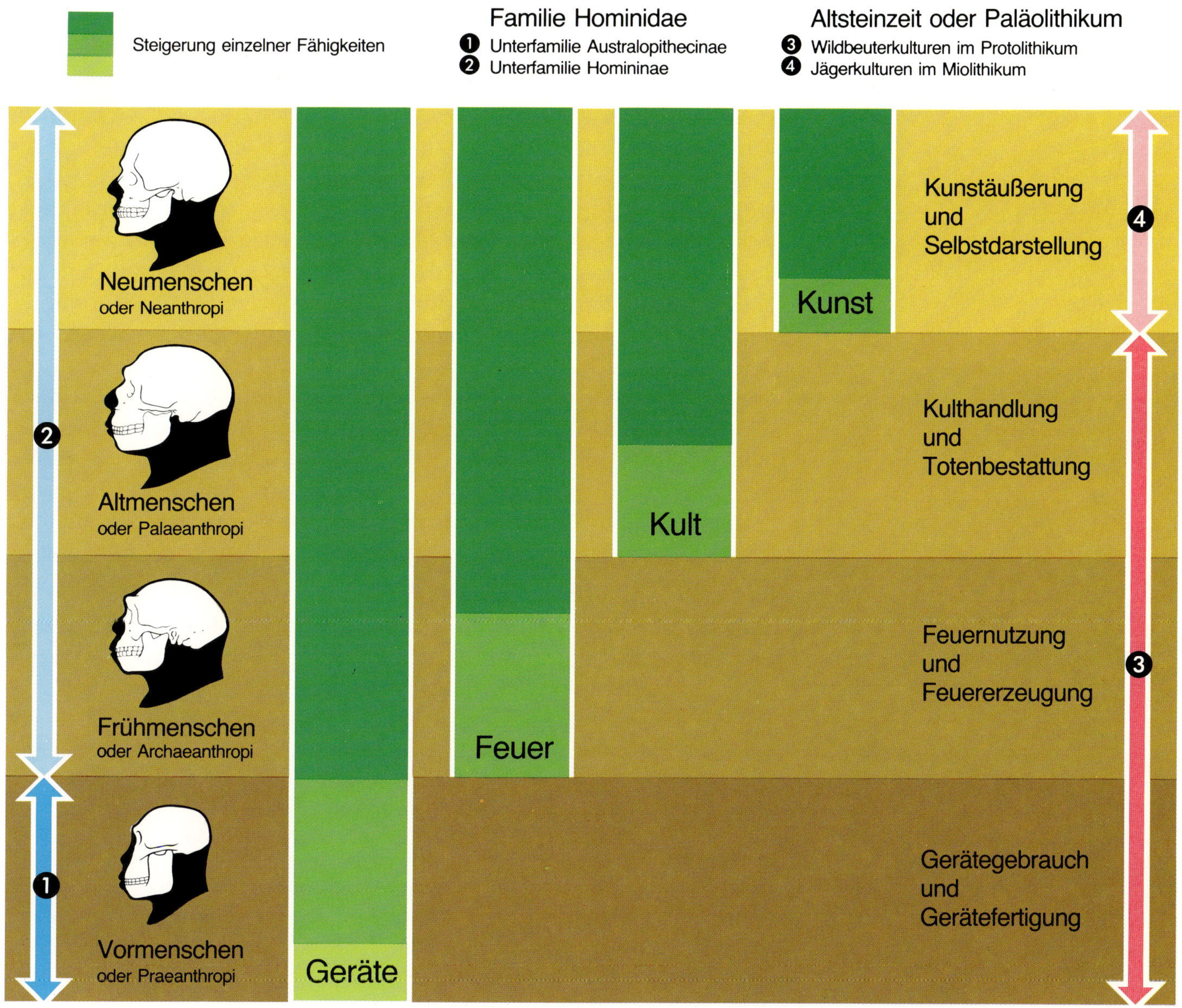

Anmerkung zum Museumsführer

Um den am 24. Juli 1933 entdeckten und tags darauf geborgenen Steinheimer Urmenschen-Schädel in seiner vollen Bedeutung würdigen zu können, ist er einzubinden in den Ablauf der nach Jahrhunderttausenden zu bemessenden Menschheitsgeschichte. Deren Grundzüge aufzuzeigen, ein Grundwissen über Mensch und Umwelt im Eiszeitalter zu vermitteln, wurde folglich bei der Planung und Gestaltung des Urmensch-Museums als eine unabdingbare Notwendigkeit erachtet. Der hierfür verfügbare, eng begrenzte Raum zwang zur Beschränkung; wesentlich Erscheinendes wurde herauszustellen versucht, auf vieles mußte verzichtet werden, und mancher mag so einen Hinweis auf dies oder jenes aus der Fülle des Erforschten vermissen. Dennoch hoffe ich, der gestellten Aufgabe hinlänglich gerecht geworden zu sein, gründet doch die Auswahl auf jahrzehntelanger Erfahrung in Forschung und Lehre. Es bedarf deshalb wohl kaum der Versicherung, daß wissenschaftliche Zuverlässigkeit oberstes Gebot war, und angestrebt wurde, dem Besucher hinreichende Unterrichtung zu ermöglichen, ihm des Menschen Stellung in der Natur sowie die leibliche Entwicklung und geistige Entfaltung des Menschengeschlechts während des Eiszeitalters begreifbar werden zu lassen.

Sicherlich wird mancher das im Urmensch-Museum Angebotene nur zu einem Teil nutzen wollen oder können, doch solches gilt für museale Darstellungen schlechthin. Allen Erwartungen gerecht zu werden, ist nirgendwo zu verwirklichen: Bereitschaft und Verständnis der Besucher sind zu verschieden und nicht jeder ist gleichermaßen ansprechbar. So muß man denn beim Planen und Gestalten danach streben, möglichst vielen etwas zu geben; dies aber bedingt eine anspruchsvolle, eine zum Mitdenken anregende Präsentation.

Bekanntlich ist die Aufnahmefähigkeit eines Besuchers im Museum meist mehr oder weniger eingeschränkt; bisweilen ermangelt es der wünschenswerten Ruhe, teils ermüdet das Stehen, teils drängt die Zeit. Deshalb ist es vielerorts üblich geworden, das im Museum Dargestellte in einer Schrift, einem Führer oder Katalog, zusammenzufassen, um so dem Besucher die Möglichkeit zu eröffnen, sich das Gesehene im Nachhinein nochmals ins Gedächtnis zu rufen, die empfangenen Anregungen zu vertiefen, die erlangten Kenntnisse zu verbreitern. Darüber hinaus erlaubt eine solche Schrift, einen beabsichtigten Besuch im Museum vorzubereiten, und dies gilt vor allem für Lehrer, welche derart die ihren Unterricht begleitenden Themen auszuwählen und für ihre Schüler aufzubereiten vermögen. Um für das Urmensch-Museum diesen Anforderungen an einen Führer nachzukommen, wurde auf dessen reiche Bebilderung ebenso wie auf dessen übersichtliche Anordnung besonderer Wert gelegt und darauf geachtet, daß sich Text und Bild zusammenfügen und gegenseitig ergänzen. Zudem ist durch Angabe des Bereichs sowie der jeweiligen Nummer innerhalb des Rundgangs der unmittelbare Bezug zwischen Museum und Führer gegeben.

Hinweise auf einführende Schriften dürften sich – so möchte ich meinen – erübrigen, zumal die Zusammenstellung der Quellen zu den Bildnachweisen und zu den Textverweisen bereits einen gewissen Einblick in das überaus weitgestreute, mehreren Fachgebieten zugehörende Schrifttum über den vorzeitlichen Menschen vermittelt. Auch mangelt es nicht an neueren, leicht zugänglichen und gut lesbaren Büchern, die sich einen größeren Leserkreis erschließen wollen, doch gilt es gerade hier, die Spreu vom Weizen zu sondern.

Hinweise auf das Schrifttum

Die Titelangaben der in den Textverweisen und Bildnachweisen erwähnten Veröffentlichungen sind hier in alphabetischer Anordnung zusammengestellt. Weitere Hinweise auf das überaus umfängliche Schrifttum zu geben, verwehrt der nur begrenzt verfügbare Raum.

Adam, K. D.: Vom Einhorn zum Mammut. Gedanken zu einem Mammutfund im Werk Feuerbach der Robert Bosch GmbH. 8 Abb. Bosch-Zünder. Werkzeitschrift der Robert Bosch GmbH Stuttgart, Stuttgart Jg. 38 (1958) S. 102–104.

– Die Erforschung des vorzeitlichen Menschen: Charles Darwins Lebenswerk. 3 Abb. Folia Historica, Stuttgart Nr. 3 (Reihe A 1) (1965) S. 1–3.

– Die Erforschung des vorzeitlichen Menschen: Ernst Haeckels Stammbaum. 3 Abb. Folia Historica, Stuttgart Nr. 5 (Reihe A 3) (1965) S. 9–11.

– Georges Cuvier und das Stuttgarter Naturalienkabinett. 1 Titelbild 5 Abb. In: Cuvier und Württemberg, zum 200. Geburtstag des Naturforschers Georges Cuvier 1769–1832. Bearbeitet von R. Uhland und K. D. Adam. Stuttgart: Schwäbische Druckerei GmbH 1969. S. 22–30, 46–50, 68–72.

– Das Urmensch-Museum Steinheim an der Murr. Steinheim an der Murr: Stadtverwaltung 1975. 36 S. 15 Abb.

– Das Steinheimer Becken – eine Fundstätte von Weltgeltung. Monumenta geologica et palaeontologica. Stuttgart: Gesellschaft für Naturkunde in Württemberg 1980. 124 S. 66 Abb. 2 Tab.

– Der Mensch im Eiszeitalter. Funde aus dem Pleistozän des Neckarlandes. 22 Abb. 1 Tab. Stuttgarter Beiträge zur Naturkunde, Stuttgart, Ser. C Nr. 15 (1982) S. 3–17, 26–53, 70.

Adam, K. D., und R. Kurz: Eiszeitkunst im süddeutschen Raum. Stuttgart: Konrad Theiss Verlag 1980. 161 S. 12 Taf. 94 Abb. 10 Schaubilder.

Adam, K. D., und F. Berckhemer: Der Urmensch und seine Umwelt im Eiszeitalter auf Untertürkheimer Markung. Ein Beitrag zur Urgeschichte des Neckarlandes. Stuttgart: Bürgerverein Untertürkheim 1983. IV + 88 S. 63 Abb. 4 Tab.

Almquist, E.: Große Biologen. Eine Geschichte der Biologie und ihrer Erforscher. München: J. F. Lehmanns Verlag 1931. 143 S. 23 Abb.

Anonymus: Current Topics and Events. 1 Abb. Nature. A Weekly Illustrated Journal of Science, London Bd. 115 (1925) S. 469–473.

– Darwin. Ein Mord wird gestanden. 1 Umschlagbild 25 Abb. Der Spiegel. Das deutsche Nachrichten-Magazin, Hamburg Jg. 16, Nr. 52 (1962) S. 50–72.

Augusta, J., und Z. Burian: Menschen der Urzeit. Übersetzt von M. A. Schönwälder. 3. Aufl. Prag: Artia 1970. 64 + 3 S. 52 Taf.

Bächler, E.: Das alpine Paläolithikum der Schweiz im Wildkirchli, Drachenloch und Wildenmannlisloch. Die ältesten menschlichen Niederlassungen aus der Altsteinzeit des Schweizerlandes. Basel: Verlag Birkhäuser & Cie. 1940. XX + 263 + 15 S. 115 Taf. (Monographien zur Ur- und Frühgeschichte der Schweiz, Basel Bd. 2 [1940] S. I–XX + 1–263 + 1–15.)

Bahder, O. N.: Eine ungewöhnliche paläolithische Bestattung in Mittelrußland. 1 Taf. Quartär. Jahrbuch für Erforschung des Eiszeitalters und der Steinzeit, Bonn Bd. 18 (1967) S. 191–193. – (Übersetzt von C. Strassner.)

Berckhemer, F.: Notiz über den Fund eines Urmenschenschädels in den Schottern von Steinheim a. d. Murr. Palaeontologische Zeitschrift, Berlin Bd. 15 (1933) S. 224.

– Der Steinheimer Urmensch und die

Tierwelt seines Lebensgebietes. 4 Taf. 9 Abb.
Aus der Heimat. Naturwissenschaftliche Monatsschrift, Stuttgart Jg. 47 (1934) S. 101–115.

– Die „Cannstatt-Rasse" und der Urmenschenschädel von Steinheim a. d. M. 5 Abb.
Württemberg. Monatsschrift im Dienste von Volk und Heimat, Stuttgart Jg. 6 (1934) S. 258–264.

Beyschlag, J. F.: Dissertatio inauguralis physico-medica de Ebore Fossili Suevico Halensi.
Halae Magdeburgicae: Typ. Jo. Christian Hilligeri, Acad. Typogr. 1734. 32 S. 2 Abb. – (Diss. unter F. Hoffmannus.)

Bibby, C.: T. H. Huxley. Scientist, Humanist and Educator.
London: Watts 1959. XXII + 330 S. 1 Titelbild 12 Taf. 4 Abb.

Black, D., P. Teilhard de Chardin, C. C. Young: Fossil Man in China. The Choukoutien Cave Deposits with a Synopsis of our Present Knowledge of the Late Cenozoic in China. 82 Abb. 3 Tab. 6 Karten.
Memoir of the Geological Survey of China, Peiping, Ser. A Nr. 11 (1933) S. I–X + 1–172.

Blanc, A. C.: Torre in Pietra, Saccopastore, Monte Circeo. On the Position of the Mousterian in the Pleistocene Sequence of the Rome Area. 1 Taf. 2 Abb.
In: Hundert Jahre Neanderthaler. Neanderthal Centenary. 1856–1956. Herausgegeben von G. H. R. von Koenigswald. Köln & Graz: Böhlau-Verlag 1958. S. 167–174.

Bongard, J. H.: Wanderung zur Neandershöhle, eine topographische Skizze der Gegend von Erkrath an der Düssel.
Düsseldorf: Arnz & Comp. 1835. II + 69 S. 3 Taf.

Bonnet, R.: Die Skelete. 26 Taf. 30 Abb. 15 Tab.
In: Der diluviale Menschenfund von Obercassel bei Bonn. Bearbeitet von M. Verworn, R. Bonnet und G. Steinmann. Wiesbaden: Verlag von J. F. Bergmann 1919. S. 11–185.

Bosinski, G.: Die mittelpaläolithischen Funde im westlichen Mitteleuropa.
Köln & Graz: Böhlau Verlag 1967. XII + 206 S. 15 + 197 Taf. 16 Abb. 7 Karten. (Fundamenta. Monographien zur Urgeschichte, Köln & Graz, Reihe A Bd. 4 [1967] S. I–XII + 1–206.)

Boule, M.: L'Homme fossile de la Chapelle-aux-Saints. 4 Taf. 43 Abb.
Annales de Paléontologie, Paris Bd. 6 (1911) S. 109–172.

Breuil, H.: Quatre cents siècles d'art pariétal. Les cavernes ornées de l'âge du renne.
Montignac/Dordogne: Centre d'études et de documentation préhistoriques 1952. 415 S. 531 Abb. – (Mitbearbeitet von F. Windels.)

Broom, R.: The Occurrence and General Structure of the South African Ape-Men. 13 Taf. 23 Abb.
Transvaal Museum Memoir, Pretoria Nr. 2 (1946) S. 7–153.

Broom, R., und J. T. Robinson: Further Evidence of the Structure of the Sterkfontein Ape-Man Plesianthropus. 8 Taf. 27 Abb.
Transvaal Museum Memoir, Pretoria Nr. 4 (1950) S. 7–83.

Chancellor, J.: Great Lives. Charles Darwin.
Eingeleitet von E. Longford. London: Weidenfeld and Nicolson 1973. 231 S. zahlreiche Abb.

Colbert, E. H.: Evolution of the Vertebrates. A History of the Backboned Animals through Time.
3. Aufl. New York, Chichester, Brisbane & Toronto: John Wiley & Sons 1980. XVIII + 510 S. 160 + 30 Abb.

Cuvier, G.: Recherches sur les ossemens fossiles, où l'on rétablit les caractères de plusieurs animaux dont les révolutions du globe ont détruit les espèces.
Bd. 5, P. 2, 2. Aufl. Paris: Chez G. Dufour et Ed. d'Ocagne, Libraires, 1824. IV + 547 S. 33 Taf.

Dames, W.: Pithecanthropus. Ein Bindeglied zwischen Affe und Mensch.
Deutsche Rundschau, Berlin Bd. 88 (1896) S. 368–384.

Dart, R. A.: Cultural Status of the South African Man-Apes. 4 Taf.
Annual Report of the Board of Regents of the Smithsonian Institution, Washington Jg. 1955, S. 317–338.

– Adventures with the Missing Link. London: Hamish Hamilton 1959. XVI + 251 S. 20 Taf. 19 Abb. 2 Beil. – (Mitbearbeitet von D. Craig.)

Darwin, C.: On the Origin of Species by Means of Natural Selection, or the Preservation of Favoured Races in the Struggle for Life. London: John Murray 1859. X + 502 S. 1 Beil.

– The Descent of Man, and Selection in Relation to Sex. Bd. 1. London: John Murray 1871. VIII + 424 S. 25 Abb.

– The Autobiography of Charles Darwin. 1809–1882. Herausgegeben von N. Barlow. 3. Abdr. London: Collins 1958. 253 S. 1 Titelbild 3 Taf.

– Charles Darwin – ein Leben. Autobiographie, Briefe, Dokumente. Herausgegeben von S. Schmitz. Übersetzt von R. Feurich und S. Schmitz. München: Deutscher Taschenbuch Verlag 1982. 174 S. 11 Abb.

Dawkins, W. B.: Cave Hunting, Researches on the Evidence of Caves respecting the Early Inhabitants of Europe. London: Macmillan and Co. 1874. XXIV + 455 S. 1 Titelbild 129 Abb.

– Die Höhlen und die Ureinwohner Europas. Eingeleitet von O. Fraas. Übersetzt von J. W. Spengel. Leipzig & Heidelberg: C. F. Winter'sche Verlagshandlung 1876. XX + 360 S. 1 Titelbild 129 Abb.

Dubois, E.: Pithecanthropus erectus. Eine menschenaehnliche Uebergangsform aus Java. Batavia: Landesdruckerei 1894. IV + 40 S. 2 Taf. 3 Abb.

– Pithecanthropus erectus, eine menschenaehnliche Uebergangsform. 1 Taf. In: Compte-Rendu des Séances du Troisième Congrès International de Zoologie. Leyde – 16–21 Septembre – 1895. Herausgegeben von P. P. C. Hoek. Leyde: E. J. Brill 1896. S. 251–271.

– Figures of the Calvarium and Endocranial Cast, a Fragment of the Mandible and three Teeth of Pithecanthropus Erectus. 11 Taf. 2 Abb. Koninklijke Akademie van Wetenschappen te Amsterdam. Proceedings of the Section of Sciences, Amsterdam Bd. 27 (1924) S. 459–464.

– Figures of the Femur of Pithecanthropus Erectus. 4 Taf. Koninklijke Akademie van Wetenschappen te Amsterdam. Proceedings of the Section of Sciences, Amsterdam Bd. 29 (1926) S. 1275–1277.

Fraas, O.: Vor der Sündfluth! Eine Geschichte der Urwelt. Stuttgart: Hoffmann'sche Verlags-Buchhandlung 1866. XII + 512 S. 25 Taf. 162 Abb. 2 Karten.

– Über die neuesten Erfunde an der Schussenquelle bei Schussenried. 1 Taf. Jahreshefte des Vereins für vaterländische Naturkunde in Württemberg, Stuttgart Jg. 23 (1867) S. 48–74.

– Beiträge zur Culturgeschichte des Menschen während der Eiszeit. Nach den Funden an der Schussenquelle. 17 Abb. Archiv für Anthropologie. Zeitschrift für Naturgeschichte und Urgeschichte des Menschen, Braunschweig Bd. 2 (1867) S. 29–50.

– Ueber württembergische Höhlen. Correspondenz-Blatt der deutschen Gesellschaft für Anthropologie, Ethnologie und Urgeschichte, München Jg. 17 (1886) S. 33–37.

Frenzel, B.: Grundzüge der pleistozänen Vegetationsgeschichte Nord-Eurasiens. Wiesbaden: Franz Steiner Verlag GmbH 1968. XII + 326 S. 17 Taf. 67 Abb. (Erdwissenschaftliche Forschung, Wiesbaden Bd. 1 [1968] S. I–XII + 1–326.)

Fuhlrott, C.: Menschliche Ueberreste aus einer Felsengrotte des Düsselthals. Ein Beitrag zur Frage über die Existenz fossiler Menschen. 1 Taf. Verhandlungen des naturhistorischen Vereines der preussischen Rheinlande und Weltphalens, Bonn Jg. 16 (Neue Folge 6) (1859) S. 131–153.

Gerassimow, M. M.: Menschen des Steinzeitalters.
Moskau: Verlag „Nauka" 1964. 174 S. 16 Taf. zahlreiche Abb. – (Russisch.)

– Ich suchte Gesichter. Schädel erhalten ihr Antlitz zurück. Wissenschaft auf neuen Wegen.
Bearbeitet von H. Menzel-Tettenborn. Gütersloh: C. Bertelsmann Verlag 1968. 240 S. zahlreiche Abb.

Giedion, S.: Ewige Gegenwart. Ein Beitrag zu Konstanz und Wechsel. Die Entstehung der Kunst.
Köln: Verlag M. DuMont Schauberg 1964. 439 S. 20 Taf. 350 Abb. 5 Karten.

Gieseler, W.: Abstammungs- und Rassenkunde des Menschen (Anthropologie).
T. 1. Oehringen: Verlag Hohenlohesche Buchhandlung Ferdinand Rau 1936. VIII + 198 + 10 S. 53 + 3 Taf. 105 Abb. 12 Tab. (Schriften des Deutschen Naturkundevereins e.V., Oehringen Bd. 56 [1936] S. I–VIII + 1–198 + (1)–(10).)

Haeckel, E.: Ueber die Entwickelungstheorie Darwin's.
Amtlicher Bericht über die acht und dreissigste Versammlung deutscher Naturforscher und Ärzte in Stettin im September 1863, Stettin Jg. 1863 (1864) S. 17–30.

– Generelle Morphologie der Organismen. Allgemeine Grundzüge der organischen Formen-Wissenschaft, mechanisch begründet durch die von Charles Darwin reformirte Descendenz-Theorie.
Bd. 2. Berlin: Verlag von Georg Reimer 1866. CLX + 462 S. 8 Taf.

– Natürliche Schöpfungsgeschichte. Gemeinverständliche wissenschaftliche Vorträge über die Entwickelungslehre im Allgemeinen und diejenige von Darwin, Goethe und Lamarck im Besonderen, über die Anwendung derselben auf den Ursprung des Menschen und andere damit zusammenhängende Grundfragen der Naturwissenschaft.
Berlin: Verlag von Georg Reimer 1868. XVI + 568 S. 1 Titelbild 8 + 2 Taf. zahlreiche Abb. und Tab.

– Ueber unsere gegenwärtige Kenntniss vom Ursprung des Menschen. Vortrag gehalten auf dem Vierten Internationalen Zoologen-Congress in Cambridge, am 26. August 1898.
Bonn: Verlag von Emil Strauss 1898. 53 S.

– Natürliche Schöpfungs-Geschichte. Gemeinverständliche wissenschaftliche Vorträge über die Entwickelungslehre im allgemeinen und diejenige von Darwin, Goethe und Lamarck im besonderen.
11. Aufl. Berlin: Druck und Verlag von Georg Reimer 1909. LXXVI + IV + 832 S. 1 Titelbild 30 Taf. zahlreiche Abb. und Tab.

Haeckel, E., und H. Schmidt: Biographie und Geleitwort. 1 Taf. 1 Abb.
In: Ernst Haeckel. Gemeinverständliche Werke. Herausgegeben von H. Schmidt. Bd. 1. Leipzig & Berlin: Alfred Kröner Verlag und Carl Henschel Verlag 1924. S. VII–XXXII.

Heberer, G.: Die Herkunft der Menschheit. 12 Taf. zahlreiche Abb. und Tab. 2 Beil.
In: Propyläen Weltgeschichte. Eine Universalgeschichte. Herausgegeben von G. Mann und A. Heuss. Bd. 1. Berlin, Frankfurt & Wien: Im Propyläen Verlag 1961. S. 87–153.

Hemleben, J.: Ernst Haeckel in Selbstzeugnissen und Bilddokumenten.
Reinbek bei Hamburg: Rowohlt 1964. 160 S. zahlreiche Abb. (rowohlts monographien, Reinbek bei Hamburg Bd. 99 [1964] S. 1–160.)

Hueber, G. L.: Lithographiae Wirceburgensis, ducentis lapidum figuratorum, a potiori insectiformium, prodigiosis imaginibus exornatae specimen primum.
Wirceburgi: Apud Philippum Wilhelmum Fuggart, Bibliopolam Aulico-Academicum, 1726. XII + 96 S. 1 Titelbild 21 Taf. – (Diss. unter J. B. A. Beringer.)

Huxley, J. S.: Darwin und der Gedanke der Evolution.
In: Hundert Jahre Evolutionsforschung. Das wissenschaftliche Vermächtnis Charles Darwins. Herausgegeben von G. Heberer und F. Schwanitz. Stuttgart: Gustav Fischer Verlag 1960. S. 1–10. – (Übersetzt von G. Heberer.)

Huxley, T. H.: Evidence as to Man's Place in Nature.
London & Edinburgh: Williams and Norgate 1863. VI + 159 S. 1 Titelbild 32 Abb.

– Zeugnisse für die Stellung des Menschen in der Natur.
Eingeleitet und übersetzt von G. Heberer. Stuttgart: Gustav Fischer Verlag 1963. VI + 181 S. 1 Titelbild 32 Abb.

Klaatsch, H.: Das Werden der Menschheit und die Anfänge der Kultur.
Fortgeführt und ergänzt von J. Andree, H. Weinert und J. Lechler. Berlin & Leipzig: Deutsches Verlagshaus Bong & Co. 1936. XX + 404 S. 348 Abb. 7 Beil.

Koenigswald, G. H. R. von: Begegnungen mit dem Vormenschen.
Düsseldorf & Köln: Eugen Diederichs Verlag 1955. 235 S. 20 Taf. 41 Abb.

Kraatz, R., und H. Querner: Die Entdeckung des Homo heidelbergensis durch Otto Schoetensack vor 60 Jahren. 3 Abb.
Ruperto-Carola, Heidelberg Bd. 42, Jg. 19 (1967) S. 178–183.

Lartet, E., und H. Christy: Reliquiae Aquitanicae; being Contributions to the Archaeology and Palaeontology of Périgord and the Adjoining Provinces of Southern France. Essays and Memoirs.
Herausgegeben von T. R. Jones. London: Williams & Norgate 1865–75. XXVI + 302 S. 4 Taf. 98 Abb. 3 Karten.

– Reliquiae Aquitanicae; being Contributions to the Archaeology and Palaeontology of Périgord and the Adjoining Provinces of Southern France. Descriptions of the Plates.
Herausgegeben von T. R. Jones. London: Williams & Norgate 1865–75. IV + 204 S. 42 + 31 + 10 Taf. 34 Abb.

Lartet, L.: Une sépulture des troglodytes du Périgord (crânes des Eyzies). 7 Abb.
Bulletins de la Société d'Anthropologie de Paris, Paris, IIe Série Bd. 3 (1868) S. 335–349.

– A Burial-place of the Cave-dwellers of Périgord. 7 Abb.
In: Reliquiae Aquitanicae; being Contributions to the Archaeology and Palaeontology of Périgord and the Adjoining Provinces of Southern France. Bearbeitet von E. Lartet und H. Christy. Herausgegeben von T. R. Jones. London: Williams & Norgate 1865–75. S. 62–72.

Leakey, M. D.: Olduvai Gorge. Excavations in Beds I and II, 1960–1963. Bd. 3. Cambridge: At the University Press 1971. XXII + 306 S. 1 Titelbild 41 Taf. 121 Abb. 10 Tab.

Linnaeus, C.: Systema Naturae per regna tria naturae, secundum classes, ordines, genera, species, cum characteribus, differentiis, synonymis, locis.
Bd. 1, 10. Aufl. Holmiae: Impensis Direct. Laurentii Salvii 1758. IV + 824 S.

– Auserlesene Abhandlungen aus der Naturgeschichte, Physik und Arzneywissenschaft.
Herausgegeben und übersetzt von E. J. T. Höpfner. Bd. 1. Leipzig: Adam Friedrich Böhme 1776. VIII + 332 S. 6 Taf.

Mania, D., und A. Dietzel: Begegnung mit dem Urmenschen. Die Funde von Bilzingsleben.
Leipzig, Jena & Berlin: Urania-Verlag 1980. 163 S. zahlreiche Abb.

Mauser, P. F.: Die jungpaläolithische Höhlenstation Petersfels im Hegau (Gemarkung Bittelbrunn, Ldkrs. Konstanz). 115 Taf.
Badische Fundberichte, Freiburg S.–H. 13 (1970) S. 1–127. – (Mitbearbeitet von K. Gerhardt.)

Mayer, F. J. C.: Ueber den sog. Neanderthal-Schädel.
Archiv für Anatomie, Physiologie und wissenschaftliche Medicin, Leipzig Jg. 1865, S. 482–491.

Memminger, J. D. G.: Zu Canstatt ausgegrabene fossile Thierreste. 1 Taf.
Württembergisches Jahrbuch, Stuttgart & Tübingen Jg. 1 (1818) S. 64–99.

Narr, K. J.: Grobe Steinartefakte: Steinzeitfragen Südostasiens. 8 Abb.
Allgemeine und Vergleichende Archäologie – Beiträge –, München Bd. 2 (1980) S. 29–65.

Oakley, K. P., und G. M. Morant: Ein Menschenschädel altpaläolithischen Alters von Swanscombe, Kent. 3 Taf. 3 Abb.
Quartär. Jahrbuch für Erforschung des Eiszeitalters und seiner Kulturen, Berlin Bd. 2 (1939) S. 54–65. – (Übersetzt von R. Grahmann.)

Oakley, K. P., B. G. Campbell und T. I. Molleson: Catalogue of Fossil Hominids. Part III: Americas, Asia, Australasia.
London: Trustees of the British Museum (Natural History) 1975. XIV + 226 S. 5 Taf. 5 Abb. 9 Karten.

Pales, L.: Les Néandertaliens en France. 12 Taf. 1 Abb.
In: Hundert Jahre Neanderthaler. Neanderthal Centenary. 1856–1956. Herausgegeben von G. H. R. von Koenigswald. Köln & Graz: Böhlau-Verlag 1958. S. 32–37.

Peabody, F. E.: Travertines and Cave Deposits of the Kaap Escarpment of South Africa, and the Type Locality of Australopithecus africanus Dart. 5 Taf. 12 Abb. 1 Tab.
Bulletin of The Geological Society of America, New York Bd. 65 (1954) S. 671–706.

Peters, E.: Die Heidenschmiede in Heidenheim a. Br. Eine Studie über das Altpaläolithikum in Württemberg. 25 Taf.
Fundberichte aus Schwaben, Stuttgart, Neue Folge Bd. 6 (1931) S. I–IV + 1–36.

Quatrefages, A. de, und E. T. Hamy: Crania Ethnica. Les crânes des races humaines décrits et figurés d'après les collections du Muséum d'Histoire Naturelle de Paris, de la Société d'Anthropologie de Paris et les principales collections de la France et de l'étranger. Texte.
Paris: Librairie J. B. Baillière et Fils 1882. XII + 528 S. 486 Abb. 49 Tab.

– Crania Ethnica. Les crânes des races humaines décrits et figurés d'après les collections du Muséum d'Histoire Naturelle de Paris, de la Société d'Anthropologie de Paris et les principales collections de la France et de l'étranger. Atlas.
Paris: Librairie J. B. Baillière et Fils 1882. IV + 32 S. 100 Taf.

Robinson, J. T.: The Dentition of the Australopithecinae. 50 Abb.
Transvaal Museum Memoir, Pretoria Nr. 9 (1956) S. I–VIII + 1–179.

Sapper, K.: Erforschung der Erdrinde. Zahlreiche Abb. und Beil.
In: Weltall und Menschheit. Geschichte der Erforschung der Natur und der Verwertung der Naturkräfte im Dienste der Völker. Herausgegeben von H. Kraemer. Bd. 1. Berlin, Leipzig, Wien & Stuttgart: Deutsches Verlagshaus Bong & Co. 1902. S. 17–288.

Schaaffhausen, H.: Zur Kenntniss der ältesten Rassenschädel. 1 Taf.
Archiv für Anatomie, Physiologie und wissenschaftliche Medicin, Berlin Jg. 1858, S. 453–478.

– Der Neanderthaler Fund.
Bonn: Bei Adolph Marcus 1888. II + 50 S. 3 Taf. 11 Abb.

Scheuchzer, J. J.: Kupfer-Bibel, In welcher Die Physica sacra, Oder Geheiligte Natur-Wissenschafft Derer In Heil. Schrifft vorkommenden Natürlichen Sachen, Deutlich erklärt und bewährt.
Ausgegeben und verlegt von J. A. Pfeffel. Abt. I. Augspurg & Ulm: Gedruckt bey Christian Ulrich Wagner 1731. IV + L + 276 S. 2 + 174 Taf.

Schiller, F.: Etwas über die erste Menschengesellschaft nach dem Leitfaden der mosaischen Urkunde.
Thalia, Leipzig Bd. 3, H. 11 (1791) S. 3–29.

Schmidt, H.: Ernst Haeckel. Leben und Werke.
Berlin: Deutsche Buch-Gemeinschaft G. m. b. H. 1926. 446 S. 12 Taf.

Schmidt, R. R.: Die diluviale Vorzeit Deutschlands.
Stuttgart: E. Schweizerbartsche Verlagsbuchhandlung Nägele und Dr. Sproesser 1912. XIV + VIII + 283 S. 47 Taf. 140 Abb. 8 Tab. – (Mitbearbeitet von E. Koken und A. Schliz.)

Schoetensack, O.: Der Unterkiefer des Homo Heidelbergensis aus den Sanden von Mauer bei Heidelberg. Ein Beitrag zur Paläontologie des Menschen.

Leipzig: Verlag von Wilhelm Engelmann 1908. VIII + 67 S. 13 Taf.

Schultz, A. H.: Die Primaten. Übersetzt von D. Vogt und G. Spitzer. Lausanne: Editions Rencontre 1972. 384 S. 435 Abb. (Die Enzyklopädie der Natur, Lausanne Bd. 18 [1972] S. 1–384.) – (Mitbearbeitet von J. J. Petter und A. Schilling.)

Simon, W., und H. J. Lippolt: Geochronologie als Zeitgerüst der Phylogenie. 36 Abb. In: Die Evolution der Organismen. Ergebnisse und Probleme der Abstammungslehre. Herausgegeben von G. Heberer. Bd. 1, 3. Aufl. Stuttgart: Gustav Fischer Verlag 1967. S. 161–237.

Tobias, P. V.: Brain Evolution in the Hominoidea. 8 Abb. 11 Tab. In: Primate Functional Morphology and Evolution. Herausgegeben von R. H. Tuttle. The Hague & Paris: Mouton Publishers 1975. S. 353–392.

Uschmann, G.: Geschichte der Zoologie und der zoologischen Anstalten in Jena 1779–1919. Jena: VEB Gustav Fischer Verlag 1959. XVI + 249 S. 69 Abb. auf Taf.

Uslar, R. von: Der Neandertaler. Bonn: Rudolf-Habelt-Verlag 1956. 48 S. 28 Abb. (Führer des Rheinischen Landesmuseums in Bonn, Bonn Nr. 1 [1956] S. 1–48.)

Virchow, R.: Menschen- und Affenschädel. Vortrag, gehalten am 18. Febr. 1869 im Saale des Berliner Handwerker-Vereins. Berlin: C. G. Lüderitz'sche Verlagsbuchhandlung A. Charisius 1870. 40 S. 6 Abb. (Sammlung gemeinverständlicher wissenschaftlicher Vorträge, Berlin, IV. Serie H. 96 [1869 und 1870] S. 911–950.)

– Untersuchung des Neanderthal-Schädels. Verhandlungen der Berliner Gesellschaft für Anthropologie, Ethnologie und Urgeschichte, Berlin Jg. 1871–1872 (1872) S. 157–165. (Zeitschrift für Ethnologie, Berlin Verh. Bd. 4 [1872] S. 157–165.)

– [Die Freiheit der Wissenschaft im modernen Staat.] Amtlicher Bericht der 50. Versammlung deutscher Naturforscher und Aerzte in München vom 17. bis 22. September 1877, München Jg. 1877, S. 65–77.

– Eröffnungsrede. [II. Gemeinsame Versammlung der Deutschen und der Wiener anthropologischen Gesellschaft zugleich XXV. Allgemeine Versammlung und Stiftungsfest der Deutschen anthropologischen Gesellschaft in Innsbruck vom 24.–28. August 1894.] Correspondenz-Blatt der deutschen Gesellschaft für Anthropologie, Ethnologie und Urgeschichte, München Jg. 25 (1894) S. 80–87.

– Der Pithecanthropus vor dem Zoologischen Kongreß zu Leiden. Die Nation. Wochenschrift für Politik, Volkswirthschaft und Litteratur, Berlin Jg. 13 (1895/96) S. 53–55.

Walther, J.: Im Banne Ernst Haeckels. Jena um die Jahrhundertwende. Herausgegeben und eingeführt von G. Heberer. Göttingen: „Musterschmidt" Wissenschaftlicher Verlag 1953. 152 S. 30 Abb.

Weinland, D. F.: Rulaman. Naturgeschichtliche Erzählung aus der Zeit des Höhlenmenschen und des Höhlenbären. Leipzig: Verlag von Otto Spamer 1878. XX + 250 S. 1 Titelbild 4 Taf. 100 Abb.

– Rulaman. Erzählung aus der Zeit des Höhlenmenschen und des Höhlenbären. Tübingen: Rainer Wunderlich Verlag Hermann Leins 1982. 289 S. zahlreiche Abb.

Wendt, H.: Der Affe steht auf. Eine Bilddokumentation zur Vorgeschichte des Menschen. Reinbek bei Hamburg: Rowohlt Verlag GmbH 1971. 288 S. 316 Abb.

Wolf, J., und Z. Burian: Menschen der Urzeit. Übersetzt von E. Echsnerová. Hanau: Dausien 1977. 231 S. zahlreiche Abb.

Wymer, J.: Excavations at Barnfield Pit, 1955–1960. 17 Abb.

In: The Swanscombe Skull. A Survey of Research on a Pleistocene Site. Herausgegeben von C. D. Ovey. London: Royal Anthropological Institute of Great Britain and Ireland 1964. S. 19–61. (Royal Anthropological Institute. Occasional Paper, London Nr. 20 [1964] S. 19–61.)

Zotz, L. F.: Altsteinzeitkunde Mitteleuropas. Stuttgart: Ferdinand Enke Verlag 1951. VIII + 290 S. 29 Abb.

Textverweise in Kurzform

Den Nummern sind die Seitenzahlen in Klammern nachgestellt; es folgen dann die so knapp wie möglich gehaltenen Verweise. Weitergehende Angaben sind den Hinweisen auf das Schrifttum zu entnehmen.

1 (34) C. von Linné 1776, S. 59–60.
2 (35) C. Darwin 1958, S. 130; 1982, S. 102.
3 (36) T. H. Huxley 1863, S. 57; 1963, S. 100.
4 (37) E. Haeckel 1866, S. CLI.
5 (87) J. S. Huxley 1960, S. 1.
6 (88) C. Darwin 1958, S. 130; 1982, S. 102.
7 (88) C. Darwin 1958, S. 130; 1982, S. 102.
8 (88) C. Darwin 1859, S. 489.
9 (91) C. Bibby 1959, S. 69.
10 (91) C. Bibby 1959, S. 69.
11 (94) F. J. C. Mayer 1865, S. 483.
12 (96) H. Schaaffhausen 1858, S. 477.
13 (96) C. Fuhlrott 1859, S. 136.
14 (99) R. Virchow 1872, S. 162–163.
15 (105) L. Lartet 1865–75, S. 71.
16 (105) W. B. Dawkins 1874, S. 255–256; 1876, S. 204.
17 (108) E. Haeckel und H. Schmidt 1924, S. XXI.
18 (108) E. Haeckel 1868, S. IV.
19 (108) H. Schmidt 1926, S. 177.
20 (108) G. Uschmann 1959, S. 44.
21 (110) E. Haeckel 1864, S. 17.
22 (110) E. Haeckel 1864, S. 28.
23 (111) E. Haeckel 1868, S. 507.
24 (111) E. Haeckel 1868, S. 514–515.
25 (112) R. Virchow 1894, S. 83.
26 (112) R. Virchow 1877, S. 68–69.
27 (112) E. Haeckel 1898, S. 50.
28 (113) E. Haeckel 1898, S. 30.
29 (114) R. Virchow 1870, S. 33.
30 (114) R. Virchow 1870, S. 34.
31 (114) R. Virchow 1870, S. 34.
32 (117) E. Dubois 1894, S. 28.
33 (117) E. Dubois 1894, S. 31.
34 (117) J. Walther 1953, S. 150.
35 (117) J. Walther 1953, S. 149.
36 (119) R. Virchow 1895/96, S. 54.
37 (119) W. Dames 1896, S. 375.
38 (119) W. Dames 1896, S. 377.
39 (120) G. H. R. von Koenigswald 1955, S. 37.
40 (120) G. H. R. von Koenigswald 1955, S. 35.
41 (122) R. A. Dart 1955, S. 320.
42 (125) W. Gieseler 1936, S. 46.

Bildnachweise in Kurzform

Den Nummern sind die Seitenzahlen in Klammern nachgestellt; es folgen dann die so knapp wie möglich gehaltenen Nachweise. Weitergehende Angaben sind den Hinweisen auf das Schrifttum zu entnehmen.

1 (11) Original; vgl. K. D. Adam 1975, S. 6 Abb. 2.
2 (12) Original.
3 (14) Original.
4 (16) Original; Schiller-Nationalmuseum in Marbach am Neckar.
5 (17) F. Schiller 1791, Bandtitel.
6 (17) F. Schiller 1791, S. 3–4.
7 (18) Original.
8 (19) Original.
9 (19) Original.
10 (20) Original; Schiller-Nationalmuseum in Marbach am Neckar.
11 (20) M. M. Gerassimow 1968, S. 213 Abb.
12 (21) M. M. Gerassimow 1964, Taf. 1.
13 (21) M. M. Gerassimow 1964, Taf. 2.
14 (21) M. M. Gerassimow 1964, Taf. 4.
15 (21) M. M. Gerassimow 1964, Taf. 5.
16 (21) M. M. Gerassimow 1964, Taf. 11.
17 (21) M. M. Gerassimow 1964, Taf. 10.
18 (23) Original.
19 (24) Original.
20 (25) E. Almquist 1931, Abb. 2 zu S. 17.
21 (26) C. Linnaeus 1758, S. I.
22 (26) C. Linnaeus 1758, S. 20.
23 (27) Original; vgl. K. D. Adam 1965, S. 1 Abb. 1.
24 (28) C. Darwin 1859, S. III.
25 (28) C. Darwin 1859, S. 489.
26 (29) C. Bibby 1959, Titelbild.
27 (30) T. H. Huxley 1863, Titelbild.
28 (30) H. Wendt 1971, S. 71 Abb.
29 (31) Original; vgl. K. D. Adam 1965, S. 9 Abb. 7.
30 (32) E. Haeckel 1866, Taf. 8.
31 (33) G. Heberer 1961, Beil. nach S. 104.
32 (34) C. von Linné 1776, S. I.
33 (35) C. Darwin 1871, S. III.
34 (36) T. H. Huxley 1863, S. III.
35 (37) E. Haeckel 1866, S. II.
36 (40) Original; vgl. W. Simon und H. J. Lippolt 1967, S. 217–230.
37 (43) Original; vgl. K. D. Adam 1975, S. 24 Abb. 12.
38 (45) Original; vgl. K. D. Adam 1975, S. 26 Abb. 13.
39 (46) Original; vgl. B. Frenzel 1968, Taf. 1 nach S. 102, Taf. 10 nach S. 210.
40 (49) Original; vgl. K. J. Narr 1980, S. 46 Abb. 3.
41 (52) Original.
42 (52) Original.
43 (55) Original.
44 (57) Original.
45 (58) J. F. Beyschlag 1734, S. 1.
46 (58) J. F. Beyschlag 1734, S. 8.
47 (59) Original; vgl. K. D. Adam 1958, S. 103 Abb. 4.
48 (60) E. Peters 1931, Taf. 24 Fig. 8.
49 (60) Original.
50 (61) G. Cuvier 1824, Taf. 26 Fig. 2.
51 (61) J. J. Scheuchzer 1731, S. 66.
52 (62) K. Sapper 1902, Beil. nach S. 160.
53 (63) G. L. Hueber 1726, Taf. 2 nach S. 42.
54 (63) Original.
55 (64) Original; Württembergische Landesbibliothek in Stuttgart.
56 (65) Original.
57 (65) Original; vgl. K. D. Adam 1969, S. 69 Abb. 7a.
58 (66) Original.
59 (66) Original.
60 (67) Original; Württembergische Landesbibliothek in Stuttgart.
61 (68) J. D. G. Memminger 1818, Taf. 3 nach S. 66.
62 (68) O. Fraas 1866, S. 413 Abb. 147.
63 (69) Original.
64 (69) Original.
65 (70) Original; vgl. K. D. Adam und F. Berckhemer 1983, S. 34 Abb. 15.

66 (71) A. de Quatrefages und E. T. Hamy 1882, Taf. 1 Fig. 1.
67 (71) Original; vgl. F. Berckhemer 1934, S. 259 Abb. 1.
68 (71) A. de Quatrefages und E. T. Hamy 1882, S. III.
69 (72) Original.
70 (72) Original.
71 (73) O. Fraas 1867, Taf. 2 Fig. 1.
72 (74) Original; vgl. K. D. Adam und R. Kurz 1980, S. 97 Abb. 74.
73 (74) O. Fraas 1867, S. 29.
74 (75) Original.
75 (76) Original.
76 (76) O. Fraas 1886, S. 36.
77 (77) O. Fraas 1866, S. 401 Abb. 140.
78 (77) R. R. Schmidt 1912, Taf. 22 Fig. 1–3.
79 (78) Original; vgl. K. D. Adam 1980, S. 67 Abb. 51.
80 (78) D. F. Weinland 1982, Bucheinband.
81 (79) D. F. Weinland 1878, S. III.
82 (79) D. F. Weinland 1878, S. 21 Abb.
83 (80) Original; Urgeschichtliches Museum in Mauer an der Elsenz; vgl. R. Kraatz und H. Querner 1967, S. 180 Abb. 2.
84 (80) O. Schoetensack 1908, S. III.
85 (81) O. Schoetensack 1908, Taf. 2 Fig. 4.
86 (82) Original; vgl. K. D. Adam 1982, S. 32 Abb. 5.
87 (82) Original; vgl. M. M. Gerassimow 1964, S. 38 Abb.
88 (83) Original; vgl. K. D. Adam 1980, S. 68 Abb. 54.
89 (83) F. Berckhemer 1933, S. 224.
90 (84) Original; vgl. F. Berckhemer 1934, Taf. 21 Fig. 1.
91 (85) Original; vgl. K. D. Adam 1982, S. 33 Abb. 6.
92 (85) Original; vgl. M. M. Gerassimow 1964, Taf. 3.
93 (86) Original.
94 (88) J. Chancellor 1973, S. 187 Abb.
95 (90) Anonymus 1962, Umschlagbild.
96 (92) R. von Uslar 1956, S. 6 Abb. 1.
97 (93) J. H. Bongard 1835, Taf. 3 vor S. 61.
98 (94) C. Fuhlrott 1859, Taf. 1 Fig. 2.
99 (95) H. Schaaffhausen 1888, Taf. 3 Fig. 1–4.
100 (98) L. Pales 1958, Taf. 5.
101 (100) L. Lartet 1868, S. 340 Abb. 3.
102 (101) E. Lartet und H. Christy 1865–75, S. I.
103 (101) E. Lartet und H. Christy 1865–75, Taf. 3 nach S. 172.
104 (102) A. de Quatrefages und E. T. Hamy 1882, Taf. 4.
105 (103) A. de Quatrefages und E. T. Hamy 1882, Taf. 3.
106 (106) O. N. Bahder 1967, Taf. 27.
107 (109) E. Haeckel 1909, Taf. 29 nach S. 104.
108 (113) J. Hemleben 1964, S. 133 Abb.
109 (114) E. Dubois 1896, Taf. 2 Fig. 1.
110 (115) Original; Teylers Museum in Haarlem; vgl. W. Gieseler 1936, Taf. 1 Fig. b.
111 (116) E. Dubois 1924, Taf. 1 Fig. 1.
112 (116) E. Dubois 1926, Taf. 1 Fig. 1–3.
113 (119) D. Black, P. Teilhard de Chardin, C. C. Young 1933, Abb. 44 zu S. 82.
114 (121) F. E. Peabody 1954, S. 673 Abb. 1.
115 (123) R. A. Dart 1959, S. III.
116 (123) Anonymus 1925, S. 469 Abb.
117 (124) R. Broom 1946, Taf. 2 Fig. 4.
118 (124) R. Broom 1946, Taf. 1 Fig. 1.
119 (126) R. Broom und J. T. Robinson 1950, Taf. 1 Fig. 1.
120 (129) Original; vgl. E. H. Colbert 1980, S. 295 Abb. 108.
121 (130) Original.
122 (132) Original; vgl. M. M. Gerassimow 1964, Taf. 1.

123 (132) A. H. Schultz 1972, S. 317 Abb. 358.
124 (132) J. T. Robinson 1956, S. 15 Abb. 2.
125 (133) K. P. Oakley, B. G. Campbell und T. I. Molleson 1975, Taf. 2 nach S. 56.
126 (133) Original; vgl. M. M. Gerassimow 1964, Taf. 2.
127 (133) A. H. Schultz 1972, S. 318 Abb. 359.
128 (134) Original; vgl. M. M. Gerassimow 1964, Taf. 4.
129 (134) Original; vgl. M. M. Gerassimow 1964, Taf. 5.
130 (134) H. Klaatsch 1936, S. 231 Abb. 201.
131 (135) R. Bonnet 1919, Taf. 2 Fig. 3.
132 (135) Original; vgl. M. M. Gerassimow 1964, Taf. 11.
133 (135) Original; vgl. M. M. Gerassimow 1964, Taf. 10.
134 (139) Original; vgl. P. V. Tobias 1975, S. 365–366 Tab. 1–3, S. 366–367 Tab. 4–6.
135 (141) Original; vgl. K. D. Adam 1975, S. 30 Abb. 15.
136 (143) K. P. Oakley und G. M. Morant 1939, S. 61 Abb. 3.
137 (144) M. D. Leakey 1971, S. 27 Abb. 9.
138 (144) J. Wymer 1964, S. 43 Abb. 23.
139 (144) G. Bosinski 1967, Taf. 152 Fig. 1.
140 (144) P. F. Mauser 1970, Taf. 13 Fig. 18.
141 (145) Original; vgl. K. D. Adam und R. Kurz 1980, S. 36 Abb. 14.
142 (145) Original; vgl. K. D. Adam und R. Kurz 1980, S. 37 Abb. 15.
143 (146) D. Black, P. Teilhard de Chardin, C. C. Young 1933, S. 4 Abb. 3.
144 (147) J. Wolf und Z. Burian 1977, S. 70–71 Abb.
145 (148) D. Mania und A. Dietzel 1980, S. 109 Abb.
146 (149) Original.
147 (149) Original.
148 (150) A. C. Blanc 1958, S. 169 Abb. 2.
149 (151) M. Boule 1911, Taf. 3 Fig. 2.
150 (151) J. Augusta und Z. Burian 1970, Taf. 18.
151 (152) J. Augusta und Z. Burian 1970, Taf. 20.
152 (153) E. Bächler 1940, Taf. 94 Fig. 113.
153 (154) L. F. Zotz 1951, S. 215 Abb. 18.
154 (155) Original; vgl. K. D. Adam und R. Kurz 1980, S. 81 Abb. 41.
155 (155) Original; vgl. K. D. Adam und R. Kurz 1980, S. 81 Abb. 42.
156 (156) Original; vgl. K. D. Adam und R. Kurz 1980, S. 89 Abb. 59.
157 (156) Original; vgl. K. D. Adam und R. Kurz 1980, S. 91 Abb. 63.
158 (157) S. Giedion 1964, S. 294 Abb. 256.
159 (157) H. Breuil 1952, S. 106 Abb. 71.
160 (159) Original; vgl. K. D. Adam 1975, S. 28 Abb. 14.